LETTRES

SUR

L'AFFAIRE BAZAINE

PARIS

IMPRIMERIE ÉDOUARD BLOT ET FILS AÎNÉ

7, rue Bleue, 7

LETTRES

SUR

L'AFFAIRE BAZAINE

PAR

FRÉDÉRIC DILLAYE

PARIS

ALPHONSE LEMERRE, ÉDITEUR

27-29, PASSAGE CHOISEUL, 27-29

1874

LETTRES

sur

L'AFFAIRE BAZAINE

I

LE CONSEIL DE GUERRE

6 octobre 1873.

Aujourd'hui a comparu à la barre d'un conseil de guerre un maréchal de France flétri par l'opinion publique.

L'opinion publique a-t-elle eu raison, a-t-elle eu tort de placer le qualificatif de traître à la suite du nom de ce maréchal qui a osé signer l'acte de capitulation du 27 octobre 1870? Je ne sais; je ne veux pas savoir. La trompette du jugement a enfin sonné, le voile du temple des débats se déchire, l'ange de la justice va paraître, d'une main pesant les faits et gestes, de l'autre tranchant avec son glaive les épaisses broussailles qui masquent la vérité aux regards des plus attentifs. Alors on voudra savoir et l'on saura.

Comment composer un tribunal pour un maréchal de France, où prendre ses juges? Il ne peut être jugé par ses inférieurs; des supérieurs? il n'en a pas. Il faut donc prendre des pairs appelés par ordre d'ancienneté. Mais la France, quelque amoureuse qu'elle soit du galon, ne possède pas des régiments de maréchaux, et il est difficile d'en trouver quatre pour composer un conseil de guerre lorsqu'on remarque que trois maréchaux ont été faits prisonniers sous les murs de Metz, et qu'il n'est point possible d'être juge et témoin. L'Assemblée Nationale s'est donc vue obligée, le 16 mai 1872, de promulguer une loi qui a permis à M. le ministre de la guerre de composer le conseil ainsi que suit :

Le général duc d'Aumale, président à l'ancienneté;
Le général de La Motterouge.

Ces deux officiers se rapprochent le plus des maréchaux de France. Pour être maréchal, il faut avoir commandé en chef devant l'ennemi; or, le duc d'Aumale a, sous Louis-Philippe, commandé en chef en Afrique. La Motterouge a commandé, du 15 septembre au 11 octobre 1870, l'armée de la Loire, alors composée du 15ᵉ corps d'armée.

Le général Chabaud-Latour, en sa qualité de président du comité des fortifications, a siégé parmi les chefs de corps.

Le général Tripier, lui aussi, peut être classé dans les chefs de corps, pour avoir commandé pendant le siége de Paris le génie de la seconde armée.

Tels sont les officiers qui remplacent les quatre maréchaux voulus par la loi. Les trois autres juges qui complètent ce tribunal ont été choisis parmi les généraux de division. Ce sont MM. Ressayre, Princeteau, de Malroy.

Les fonctions de commissaire de gouvernement et de rapporteur ont été dévolues, la première au général Pourcet, la seconde au général Rivière.

C'est de ce tribunal que nous attendons la lumière qui doit éclairer les pages, presque illisibles, de la campagne sous Metz. C'est à lui qu'incombe de décider de la culpabilité positive ou négative du maréchal Bazaine, mis sous le coup des articles 209 et 210 du code pénal militaire :

« Art. 209. — Est puni de mort, avec dégradation

militaire, tout gouverneur ou commandant qui, mis en jugement après avis d'un conseil d'enquête, est reconnu coupable d'avoir capitulé avec l'ennemi et rendu la place qui lui était confiée sans avoir épuisé tous les moyens de défense, et sans avoir fait tout ce que lui prescrivaient le devoir et l'honneur.

» Art. 210. — Tout général, tout commandant d'une troupe armée qui capitule en rase campagne, est puni :

» 1° De la peine de mort, avec dégradation militaire, si la capitulation a eu pour résultat de faire poser les armes à sa troupe, ou si, avant de traiter verbalement ou par écrit, il n'a pas fait tout ce que lui prescrivaient le devoir et l'honneur ;

» 2° De la destitution dans tous les autres cas. »

Le maréchal Bazaine, en retirant au général Coffinières le commandement de Metz, s'instituait commandant de cette place. C'était se mettre sous l'épée de l'article 209, étant déjà sous celle de l'article 210. C'était courir les chances de deux peines de mort au lieu d'une. Et le code militaire est froid, rigide, implacable. La question relative au fait principal ne peut être tranchée que par la majorité de *cinq voix* contre *deux*. C'est ce qu'on nomme la minorité de faveur. Eh bien! cette minorité de faveur sera-t-elle pour ou contre le maréchal?

La France anxieuse s'en rapporte à la compétencè et à l'intégrité des juges.

II

CAMPAGNE SOUS METZ

9 octobre 187?.

La lecture de la première partie du rapport : *Opérations actives antérieures au blocus jusqu'au 1ᵉʳ septembre 1870*, est enfin terminée. Au milieu de ces régiments qui passent et repassent, au milieu de ces caissons, lancés à fond de train, qui soulèvent la poussière des routes, au milieu de ces cavaliers évoluant, chargeant sous la pluie des obus qui éclatent, sous la grêle des balles qui sifflent, blessant ceux-ci, tuant ceux-là, épargnant les autres, cherchons à faire saillir les déductions du général rapporteur. Déductions logiques, froides, rigides, qui partent, vibrent et frappent dans le silence de la salle comme une flèche que lance un arc bien tendu et que dirige une main sûre !

Qui causa la défaite de Forbach ? L'absence de direction dans laquelle furent laissés le général Frossard et son corps d'armée. Et qui donc devait la donner cette direction, si ce n'est le maréchal Bazaine, nommé depuis la veille commandant en chef de l'armée de la Lorraine, dans les cadres de laquelle figurait le corps d'armée Frossard? Le maréchal a donc pleinement assumé la responsabilité de la perte de la bataille de Forbach, du désordre qui marqua les journées suivantes, du découragement profond de nos troupes, et de l'exaltation extraordinaire que cet événement inspira à l'ennemi.

Une fois repliée sous Metz, l'armée reçut l'ordre formel de battre en retraite sur Châlons. Il fallait garder à tout prix les communications avec les réserves de l'armée du Rhin, contenant les cadres de l'armée française. Dans une pareille extrémité, la promptitude n'était-elle pas de rigueur? La lenteur *voulue* du maréchal laissa les ennemis s'établir sur les plateaux.

Le 16 au soir, après la sanglante bataille de Rezonville, les routes d'Étain et de Briey étaient encore libres. Le mouvement de retraite sur Châlons, jugé nécessaire la veille, l'était encore plus ce jour-là. Eh bien! non, la marche fut suspendue. L'armée revint sur ses pas. Quels étaient les prétextes, quelles étaient les raisons de ce recul? Le ravitaillement. Le ravitaillement! Mais nos soldats, en quittant, le 17 au matin, les champs ravagés par le combat, voyaient, d'un œil tristement étonné, flamber les rations de pain, de biscuit, de farine et d'avoine, et dans ce brasier ils entendaient pétiller des tonneaux entiers de ce sel dont ils devaient complétement manquer quelques jours plus tard. Il n'y avait plus de munitions! Mais les chiffres du général Soleille sont là irréfutables, accablants, et montrant que, dans la nuit, l'armée pouvait être approvisionnée de 93,000 coups de canon. L'infanterie emportait 15 millions de cartouches! Était-ce là une pénurie de munitions?

Admettons ces raisons comme bonnes, pourquoi prendre alors, dès le 18, des dispositions pour se retrancher sous Metz? Pourquoi confier la clef de la position de Saint-Privat à un corps incomplet et très-affaibli? Pourquoi demeurer loin du champ de bataille? Pourquoi rester sourd aux appels réitérés, aux cris d'alarmes d'un lieutenant tel que Canrobert, qui se bat comme un lion et fait des efforts héroïques pour garder ses positions? Voilà des pourquoi auxquels l'interrogatoire n'a pas pu donner d'explications sérieuses, admissibles même.

Le sang versé à Saint-Privat et les pleurs que cela a coûté à la France retombent directement sur la tête du maréchal.

C'en est fait maintenant : l'armée, reportée en arrière des plateaux, ne pourra plus déboucher qu'au prix de grands efforts, et pourtant le maréchal Bazaine écrit à l'empereur qu'il est toujours prêt à partir dans la direction du Nord.

Les dépêches se succèdent, les correspondances se croisent, mais donnant des renseignements faux et contradictoires, annonçant d'un côté au ministre de la guerre qu'il ne peut franchir la ligne d'investissement, de l'autre côté prévenant le maréchal de Mac-Mahon qu'il percera cette ligne, faible d'ailleurs, sitôt qu'il le voudra.

Une dépêche lui annonce, le 23, que l'armée du maréchal de Mac-Mahon marche sur Montmédy, point où le maréchal Bazaine devait se rendre. Au lieu de faire tous ses efforts pour le rejoindre, le maréchal tourne le dos à cette direction et se contente d'opérer une simple démonstration.

Pendant ce temps, il laisse se consommer le désastre de Sedan qu'il avait, pour ainsi dire, préparé en indiquant la direction de Montmédy dans sa dépêche à l'empereur.

Là n'est pas tout! il réunit un conseil de guerre à Grimont et provoque, à l'aide de renseignements faux donnés à ce conseil, une déclaration en vertu de laquelle l'armée doit demeurer à Metz et renoncer à gagner l'intérieur de la France.

Est-ce que la conscience du maréchal n'était pas tranquille pour chercher à se couvrir par un conseil de guerre?...

Que ressort-il de ces diverses opérations? Est-ce l'impéritie du maréchal? Est-ce la mauvaise organisation des services des vivres? des munitions? Est-ce l'impossibilité matérielle de rompre une ligne d'investissement? Est-ce méprise? Démoralisation?

Non! ce n'est rien de tout cela!

Ces retards, ces retraites, cette inaction étaient voulus. La France est désorganisée. Une révolution prévue va éclater. Un nouveau gouvernement va surgir. Il faudra alors compter avec l'armée du Rhin, intacte;

il faudra alors compter avec son général en chef maître des seules forces restant en France !

Tel était le rêve du maréchal ! Rêve qui devint une idée fixe, un but, une cible, où tendirent toutes ses actions. Le rôle était tentant. Mais il ne faut jamais oublier que la roche Tarpéienne est près du Capitole.

III

BLOCUS ET NÉGOCIATIONS

14 octobre 1873.

La *Période du blocus jusqu'au 7 octobre* a offert un caractère particulier : l'inaction. Ce n'est plus là ces marches et ces contre-marches, ces journées passées à cheval, ces nuits entrecoupées de brusques réveils qui composent la première partie de la campagne de Metz. C'est la vie paisible, trop paisible du camp. Car en campagne l'inaction est la mort du soldat. Mais pourquoi ce calme si long? Pourquoi, sous ce beau soleil de septembre, cette tranquillité inouïe? C'est que le maréchal suit toujours les méandres tortueux de son rêve d'or. Son premier plan a réussi : il est bloqué sous Metz! Que faire maintenant? Comment les choses se passeront-elles en France sans lui, sans son armée?

Les prisonniers s'échangent et la nouvelle du cataclysme de Sedan s'abat dans notre camp retranché comme un oiseau de mauvais augure. Des journaux apportés par un brave soldat du premier régiment du génie, Pennetier, nous apprennent la déchéance de l'empereur et la constitution du gouvernement de la Défense Nationale.

La situation de la France est entièrement bouleversée, les conditions de la guerre complètement changées, la seule armée, digne de ce nom, est bloquée sous Metz avec des ressources bornées. Que va faire le maréchal? il hésite, IL ATTEND!

Attendre! comme s'il ne fallait pas que l'armée vécût et combattît, abstraction faite de la forme de gouvernement! Comme s'il ne fallait pas empêcher l'ennemi d'organiser à loisir et sans être inquiété ses lignes d'investissement! Comme s'il ne fallait pas chercher à accroître en même temps qu'à ménager les ressources précaires dont on disposait! Comme s'il ne fallait pas préparer un système de défenses des plus actives, en admettant même comme impossible la sortie du camp retranché!

Eh bien! tout cela se résume en quelques coups de feu échangés aux avant-postes, en quelques obus envoyés par les forts. Les soldats deviennent bergers et vont faire paître leurs chevaux, tandis que d'autres, assis autour du feu de la *popotte*, sommeillent ou fument de mauvais tabac. De temps à autre, le canon du Saint-Quentin résonne et semble ponctuer d'immenses phrases dont la composition nous échappe.

Elles n'ont point échappé au général rapporteur, ces phrases dont l'agglomération forme ce volume des pourparlers secrets entamés avec l'ennemi.

Oui, le maréchal, au lieu de suivre la ligne droite que lui imposaient ses devoirs militaires, se lance dans le labyrinthe des négociations. Après avoir porté à la connaissance de son armée, par l'ordre général n° 9, la composition du nouveau gouvernement, sans formuler la plus légère protestation, nous le voyons prêter une oreille attentive aux ouvertures de l'ennemi ; accueillir un inconnu : l'agent Régnier ; accepter les yeux fermés les propositions dont il se dit chargé et combiner avec lui des projets propres à la restauration du gouvernement impérial, dont il a, quoi qu'il en dise, enregistré la chute en terminant son ordre du jour par cette allocution :

« Généraux, officiers et soldats de l'armée du Rhin,

» Nos obligations militaires envers la patrie en danger restent les mêmes. Continuons donc à la servir avec dévouement et avec la même énergie, en défendant son territoire contre les mauvaises passions.

» Je suis convaincu que votre moral, ainsi que vous en avez déjà donné tant de preuves, restera à la hauteur de toutes les circonstances, et que vous ajouterez de nouveaux titres à la reconnaissance et à l'admiration de la France. »

Il ne s'en tient pas là. Il précipite le dénoûment de la situation et brûle ses vaisseaux en révélant le terme fatal où son armée aura cessé d'exister. Et à qui révèle-t-il cet important secret d'État? A un inconnu qui n'a d'autres lettres de crédit qu'une photographie d'Hastings au dos de laquelle se lit la signature du prince impérial! Ne devait-il point se tenir sur ses gardes? Ne devait-il pas craindre que l'ennemi ne fût tenu au courant de cette importante déclaration?

Cette date, du reste, a-t-il tenté de la reculer en ménageant ses vivres? Nullement! il veut jouer un rôle politique, et, pour ce faire, il a besoin d'une armée en bon état et prête à sortir au premier signal. Le général rapporteur touche constamment la plaie d'un doigt sûr et montre que tout, dans l'esprit du maréchal, est subordonné à des menées où son ambition le guide et où il ne discerne pas les piéges qui lui sont préparés.

Il va de soi qu'une fois entraîné dans de coupables pourparlers avec l'ennemi, le maréchal sera fort peu désireux de chercher les moyens de se mettre en relation avec les membres de la Défense Nationale. L'ennemi a flatté son ambition, il vaut donc mieux s'en rapporter à ses information que d'accepter les nombreuses occasions que l'on a de communiquer avec l'intérieur de la France.

Le temps marche; les vivres diminuent; l'agent Régnier ne reparaît plus; Bourbaki ne rend pas compte de sa mission ; l'ennemi renseigné cesse les négociations. Que penser, que conclure de cette situation? Une seule chose : l'impératrice n'approuve pas ce qui s'est fait sous son nom. Alors, en avant! les résolutions énergiques à la rescousse! Le nouveau gouvernement est résolu à faire la guerre à outrance, inspirons-nous donc de lui! Mais non, ce serait l'évanouissement d'un rêve longtemps caressé. Icare, une fois dans les airs, ne craint plus la chute. Il faut renouer les négociations avec l'ennemi, quitte pour cela à engager ses lieutenants et son armée.

La démoralisation, habilement semée dans le camp retranché, croît et gagne de proche en proche. L'heure sombre va bientô tinter. Les rares coups de canon que tirent les forts semblent être le glas de l'armée du Rhin qui agonise.

IV

NÉGOCIATIONS ET CAPITULATION

22 octobre 1873.

Les sorties sur Peltre, Colombey, les Grandes-Tapes avaient réveillé dans les premiers jours d'octobre les idées belliqueuses de l'armée du Rhin. La prise du Château de Ladonchamps avait fait espérer qu'une sortie était encore possible, car l'artillerie possédait ses chevaux. Mais ce furent les derniers éclairs de notre existence, les dernières fusées de l'honneur français !

A partir du 10 octobre, on cessa de distribuer des rations aux chevaux, et ces pauvres animaux tombaient en si grand nombre que les équarrisseurs refusaient de les enterrer. La brillante cavalerie française n'était plus qu'un mythe. Cuirassiers, dragons et chasseurs, chaussés de sabots, apprenaient les manœuvres de l'infanterie, à l'aide de chassepots trouvés à l'arsenal. Il pleuvait. Les parties du camp qui n'étaient pas en étang offraient l'aspect de vastes bourbiers. La dyssenterie faisait rage. Le tableau était sinistre et navrant. Les troupes se démoralisaient.

Que faisait le maréchal pour parer à ces infortunes? Parcourait-il les camps pour exhorter ses soldats à la patience? Se montrait-il à cheval pour ranimer leur fermeté et leur espoir fortement ébranlés? Allait-il dans les ambulances? dans les hôpitaux? Donnait-il quelques marques de sympathie aux glorieux blessés de Rezonville? Serrait-il la main de ces innocentes victimes qu'il avait sacrifiées, le 18 août, sur les hauteurs des berges du vallon de Monvaux? Non. Le maréchal avait bien d'autres idées en tête! Passer des revues, parcourir le camp, visiter les ambulances, que lui importait! Ce n'étaient que vétilles qui ne servaient de rien à l'accomplissement de ses projets. Et puis, il y avait bien assez de gens dévoués à Metz pour soigner les malades et les blessés. Oui, certes! il y en avait, et l'histoire a enregistré leurs noms. Mais était-ce une raison pour manquer à ce devoir? On eût dit que le maréchal craignait la vue de son armée. C'est que, en effet, des bruits terribles commençaient déjà à voler dans le camp. On sentait comme l'approche des humiliations dont nous allions être abreuvés ?

Le général Boyer avait été envoyé en mission. Nous espérions avoir des nouvelles de France. Nous comptions apprendre la levée en masse, l'arrêt de l'ennemi, peut-être sa marche rétrograde ! Des nouvelles de France ! quelle joie pour de pauvres soldats, voués à l'ilotisme le plus complet au sein même de leur pays. La France ! mais elle semblait être à mille lieues de nous, ce qui décuplait notre soif de nouvelles.

Le général Boyer revint, mais il revint ayant puisé ses renseignements aux sources prussiennes. Il ne manquait pourtant pas de Français à Versailles, mais à quoi bon se décourager, lorsqu'on ne veut se renseigner que pour la forme. Eh bien ! ces nouvelles, quelque erronées qu'elles fussent, croyez-vous que le maréchal allait les livrer ainsi à ses lieutenants, à ses soldats ? Non pas !

Elles n'étaient que voilées, il fallait les transfigurer.

Le 18 octobre, le conseil de guerre fut assemblé ; les nouvelles qu'on lui communiqua sur la situation de la France manquaient tellement de vérité que le maréchal eut grand soin de ne point lui donner connaissance des journaux apportés par le général Boyer, ce qui, en empêchant le conseil de contrôler les faux renseignements, le forçait nécessairement de conclure que la France était dans un état de complète anarchie. Conclusion qui le menait, suivant les vœux du maréchal, à invoquer l'intervention de l'impératrice.

Ces nouvelles se propagèrent rapidement dans le camp retranché. Fausses en principe, elles se déformèrent considérablement encore en passant de bouche en bouche, à tel point que nous apprîmes avec effroi que la Commune était proclamée dans plusieurs villes, que le drapeau rouge flottait sur bon nombre de mairies, que l'échafaud était en permanence, que Rouen, le Havre, Caen, et bien d'autres cités, avaient demandé au roi Guillaume une garnison prussienne. Nous étions loin de compte, n'est-ce pas ? Les idées de guerre à outrance du gouvernement de la Défense Nationale se trahissaient peu dans ces nouvelles. Mais le but était atteint. L'armée, tristement indignée de voir que la France ne pensait pas à elle, à elle qui n'avait jamais marchandé son sang ni ses efforts, courba la tête et attendit, avec la résignation d'une victime offerte en holocauste à la patrie, le moment de la capitulation.

L'heure fatale sonna. L'agonie avait été longue ; la mort fut sinistre.

Le maréchal refusa pour ses soldats les honneurs de la guerre. Pourquoi ? Craignait-il que quelques canons de fusil ne se dirigeassent vers lui lors du défilé ? Je ne sais. Mais quelle que soit la pensée qui ait fait agir le maréchal, on est en droit d'affirmer qu'elle n'est ni honorable, ni généreuse. Il ne faut pas oublier que l'histoire, tout impartiale qu'elle est, peut commettre l'injustice de réprouver une armée en réprouvant son chef. Il est aisé de croire que la faiblesse de l'un est la conséquence de l'autre. L'armée du Rhin n'en est point là, pourtant. Après avoir vaillamment combattu jusqu'au 1er septembre, après avoir eu quarante mille hommes mis hors de combat, après avoir enduré sans mot dire les privations du blocus, les défaillances d'une longue inaction, il eût été juste de lui faire une destinée meilleure. Mais non ! le maréchal ne parut pas songer à la destinée de ses braves soldats.

Songea-t-il davantage à leur honneur?

Moins, peut-être.

Qu'est-ce que l'honneur du soldat? Quel en est le symbole? Le drapeau. N'est-il pas du devoir de tout général, si la fortune lui devient adverse, de soustraire cette étoffe sacrée aux humiliations d'une défaite, d'une reddition? Oui, que les hampes soient sciées, que l'étoffe soit découpée, que chaque homme emporte un lambeau de cette chose pour laquelle il a versé son sang, que ce lambeau soit la religion de son honneur, soit, je le veux, c'est bien! Qu'un grand feu soit allumé au milieu du camp et que chaque régiment assiste muet et recueilli à l'incinération du symbole de son honneur, soit, je le veux encore! Ce sont là des actes nobles, nécessaires et que l'on doit faire soi-même avec un soin jaloux.

Est-ce là ce qui a été fait à Metz? Non pas! Ils ont été réunis à l'arsenal. Pour être brûlés? Allons donc! Jamais il n'a été donné un ordre express dans ce sens. Ils ont été remis à l'arsenal pour être INVENTORIÉS et livrés à l'ennemi!

Que la Prusse s'en fasse gloire de nos drapeaux conquis de cette sorte, mais que la France sache bien que l'armée est irresponsable de cette infamie, et que toute la honte en retombe sur la tête de celui qui a osé prendre l'initiative de tels ordres.

Les drapeaux rendus, il fallut déposer les armes ! Déposer les armes sans avoir combattu, et il fallut les déposer intactes ! Aussi, pour éviter toute dégradation *désagréable* à l'ennemi, eut-on soin de nous laisser entendre qu'elles nous seraient rendues après la guerre. Rendues !... Où sont donc les promesses d'antan ?...

Le 29 octobre 1870, à midi, le drapeau blanc et noir flotta sur les forts de Metz. Le ciel était gris, une pluie fine et serrée rayait l'horizon, où se silhouettaient les charpentes isolées de quelques guinguettes ou de quelques châteaux. Les rares chevaux qui vivaient, hideux, décharnés, se mangeaient les crins, le cuir de leurs entraves, ou cherchaient en chancelant quelque lieu solitaire où ils pussent mettre leurs corps en paix. Le tocsin, ce glas des grands jours, pleurait dans la brume. De la boue jusqu'aux chevilles, appuyés sur de longs bâtons, les régiments marchaient sur les bords des routes, se profilant dans la campagne nue comme un troupeau de bêtes. Quelques blessés suivaient, faisant la conduite à leurs camarades. Les chefs marchaient tête basse, en silence. Tous pleuraient. Les bataillons prussiens, l'arme au pied, l'étendard au vent, attendaient dans leurs tranchées. Il fallut se séparer. Les soldats embrassèrent leurs chefs. Ce n'était que sanglots, que cris de rage contenus... Puis nos régiments disparurent comme de vains fantômes dans l'eau du brouillard estompés.

Quand on a assisté à un pareil drame, on se demande comment des hommes ont pu passer sous les Fourches-Caudines, on se demande comment un général peut ainsi livrer son armée, on se demande surtout, comment, dans le cas où il serait nettement reconnu qu'il n'a pas fait son devoir, quel supplice on pourrait lui infliger pour laver une telle honte !

V

L'INCIDENT D'ANDLAU

5 novembre 1873.

La fameuse dépêche du 23 août a été examinée à l'interrogatoire. Les colonels Lewal et d'Andlau ont déposé. Ils ont déposé avec cette netteté, cette franchise, cette brutalité même qui caractérise le Français brave, loyal, et dont la conscience n'a rien à se reprocher. Ce sont des chevaliers sans peur et sans reproches que ces soldats-là ! Ce sont des Bayards modernes ! Ce sont des gens d'honneur quand même, incapables de transiger avec leur conscience, et qui préfèrent perdre leur position que de ternir, par le voile du mensonge, leur loyauté éprouvée. Il faut compter avec de tels hommes. La défense le sent et agit. Elle agit! mais comment? Qu'oppose-t-elle à la droiture de ces hommes?... La perfidie, la trahison! Par quelles armes combat-elle leurs assertions?... Par la perspective d'un retrait d'emploi, d'une destitution!

Le colonel Lewal est à la barre, froid, impassible, élégant sans afféterie, carré avec douceur. Les détails qu'il donne sont nets, précis, accablants. Le débat est vivant. L'accusé s'irrite d'une pareille conduite. Il sent que le Conseil n'est point disposé à mettre en doute la bonne foi du colonel. Il enrage de voir la placidité de cet inférieur, dont l'unique crime est de parler selon ce qu'il a vu et entendu. Si l'on en croit cet homme, la responsabilité du cataclysme de Sedan incombe au général en chef de l'armée du Rhin. Cette accusation est la perte du maréchal. Il le comprend. Le rouge de la colère lui monte au visage. Sa voix tremble, sa parole est brève, il nie et s'écrie avec une rage mal contenue : « Je n'ai pas l'habitude de m'ouvrir si largement à mes inférieurs! » Ah! monsieur le maréchal! quelle sortie maladroite! Vous aviez plus de sang-froid, à Metz, lorsque vous jouiez par-dessous la jambe l'honneur de toute une brave armée! Vous étiez plus maître de vous lorsque vous disiez de ces paroles trop répétées dans les camps : « *Si mon képi savait ce que je pense, je le jetterais dans la Moselle !* » C'est que l'armée n'osait pas protester hautement contre votre inaction. Elle avait foi en vous. Elle comptait sur votre patriotisme. Elle pensait que vous auriez souci de son honneur, si vous n'aviez souci du vôtre ! Pauvre armée ! Comme elle se trompait ! Comme elle s'abusait ! Mais, que voulez-vous ? Il faut lui pardonner. Elle était française, et les Français ont dans leur poitrine un cœur qui se refuse à croire à l'ourdissement de trames qui aboutissent à la honte, à l'infamie !

Le colonel Lewal n'a rien écrit sur Metz. Vous n'aviez à opposer contre lui que la négation. Il n'en était pas de même du colonel d'Andlau. Celui-là, c'est votre bête noire. Il a pris le tronçon de son épée pour écrire le remarquable ouvrage de *Metz, campagne et négociations*. Il l'a trempé dans son sang pour tracer l'accablante lettre de Hombourg que publia l'*Indépendance belge*.

Nous l'avons tous lu, nous autres, acteurs et comparses de l'armée du Rhin, ce magnifique volume que votre défenseur se propose de *qualifier*. Nous avons tous senti sous ces pages brûlantes la blessure faite au soldat jaloux de son honneur. Nous avons tous pleuré en y retrouvant la peinture exacte de nos souffrances. Exacte! trop exacte même, n'est-ce pas? Cette loyauté vous gêne. Cherchons à faire rétracter ce soldat en faisant briller sur sa tête l'épée de Damoclès de la destitution. Par malheur pour vous, monsieur le maréchal, la quiétude de l'Empire n'a pas jeté son venin corrupteur sur tous ceux qui l'ont traversée. Qu'importe au colonel d'Andlau sa destitution quand sa loyauté est en jeu! Oui! il se reconnaît l'auteur de la brochure que vous inculpez; oui! il se reconnaît le signataire de cette lettre sublime du 23 novembre 1870, où il s'écrie :

« En présence de semblables infortunes, la nôtre disparaîtrait presque, si elle ne devait pas avoir pour conséquence l'extension de l'envahissement, et, par suite, l'aggravation du mal pour cette France déjà si terriblement atteinte. Vous rappelez-vous ma lettre ou mes lettres de Metz, ce que je vous disais sur ce qui se passait alors, et ce que je prévoyais déjà en face des imbécillités dont j'avais le triste spectacle? Mais, hélas! il y avait une chose que je n'avais pas prévue et que la Providence réservait comme dernier châtiment de notre orgueil et de notre décrépitude morale : c'était la trahison ! Eh bien ! cette douleur-là ne nous a pas même été épargnée, et nous avons assisté au honteux spectacle d'un maréchal de France, voulant faire de sa honte un marche-pied de sa grandeur, et de notre infamie la base de sa dictature, livrant des soldats sans armes comme un troupeau qu'on mène à l'abattoir et qu'on remet au boucher, donnant ses armes, ses canons, ses drapeaux, pour sauver sa caisse et son argenterie, oubliant à la fois tous ses devoirs d'homme, de général, de Français, et se sauvant furtivement au petit jour pour échapper aux insultes qui l'attendaient, ou peut-être à la fureur qui l'aurait frappé !...

« Voilà ce que j'ai vu pendant deux longs mois ; voilà ce que j'ai écrit, du reste, ce que j'ai dit bien haut, à tel point qu'il m'a menacé de me faire arrêter, avec mon ami X;... mais il n'en a pas même eu le courage, il m'a refusé cette satisfaction ! Nous avons assisté à une trame ourdie de longue main, dont les fils ont été aussi multiples que les motifs ; et cet homme a obéi à des pensées si diverses, qu'on en est à se demander aujourd'hui s'il n'était pas tombé dans cette imbécillité qui semblait être devenue l'apanage de cette dynastie et de ses créatures.

« Il a trahi l'Empereur pour rester seul et se faire gloire à lui-même; puis il a trahi ses devoirs de soldat en ne voulant pas aller au secours de l'armée qui marchait sur Sedan, par haine de Mac-Mahon, et pour ne pas servir à un accroissement d'illustration pour celui qu'il regardait comme un rival. La catastrophe arrive, le trône est renversé, et il allait se rallier à la République, quand Trochu apparaît avec la grande position que la situation lui avait faite; il ne voit plus pour lui la première place, celle qui peut seule lui assurer les gros traitements dont il s'est habitué à jouir, et il trahit alors la République et la France, pour chercher je ne sais quelle combinaison politique qui fera de lui le dictateur du pays sous la protection des baïonnettes prussiennes! Cette combinaison lui échappe, et il se retourne alors vers la pensée impie d'une restauration impériale qui conviendrait à la Prusse et lui assurerait toujours ce premier rôle, auquel il aspire, sans souci de son honneur pas plus que de celui de son armée... »

Et plus loin il lance ce cri du cœur :

« Voyez-vous, de pareilles infamies rendent fou et et j'en suis arrivé à demander du sang pour y laver l'injure qu'on m'a faite! Je ne sais si mon caractère est changé, mais ce qu'il y a de certain, c'est que mes idées sont singulièrement modifiées. D'abord le seul nom de Napoléon me fait horreur, et il ne me reste du souvenir de cette dynastie que l'affection que je portais à la femme qui, elle du moins, s'est conduite avec cœur et honneur jusqu'à ces derniers jours. Je me jetterais aujourd'hui dans les bras des Rochefort, des Flourens, des Dorian, n'importe qui, pourvu qu'il me donnât un fusil et qu'il pût me dire : Frappez! Frappez! Vengez-vous! Aujourd'hui, j'en suis arrivé presque à comprendre les massacres de 92, les horreurs de la Révolution, et je regrette à Metz de ne pas voir arriver les anciens commissaires de la Convention aux armées qui faisaient tomber les têtes des généraux et ne leur laissaient d'autre alternative que de vaincre ou mourir! Faut-il que j'aie passé par d'assez horribles épreuves pour en arriver là! Le pensez-vous, vous qui m'avez pu si bien connaître dans des temps meilleurs et déjà loin? »

Maintenant, jugez et qualifiez une pareille missive ! Faites-la passer au laminoir de la procédure et de la chicane. Allez! travaillez, pâlissez, suez sur cette lettre, et vous serez bien habile si vous trouvez en elle autre chose que ce qu'elle est véritablement, c'est-à-dire le culte profond, ardent, fanatique de cette divinité sublime : LA PATRIE !

Vous crierez bien haut qu'un officier n'a pas le droit d'inculper ainsi ses chefs. Soit! mais ce document est-il officiel? Non pas! c'est un épanchement intime, confidentiel et l'auteur lui-même a énergiquement protesté contre l'abus qu'on avait fait de sa prose en la publiant dans l'*Indépendance belge*. Et puis, ce cri de douleur poussé jusqu'à la folie, ce feu d'artifice d'indignation, cette explosion de rage qui peint d'une façon à la fois si vive et si vraie les angoisses, les souffrances physiques, les tortures morales, l'exaspération amère de notre malheureuse armée du Rhin, ne doivent-ils pas être permis à celui qui a vécu ces souffrances, ces angoisses et ces tortures? La part à faire aux circonstances est large. Le colonel le sent bien lui-même quand il dit :

« ... Il y a eu de ces moments dont le souvenir nous

glace encore, où nous avons senti notre cœur se briser, notre raison s'altérer, des sentiments inconnus envahir tout notre être. L'esprit n'était plus maître de l'idée, la bouche de la parole, la main de la plume qu'elle tenait; il y a eu des moments où l'égarement du désespoir a pu se traduire en regrettables violences! Ah! que ceux-là seulement s'en étonnent qui n'ont pas eu le malheur de voir, pendant des semaines, tout leur passé de devoir et de droiture condamné d'avance à se ternir dans la plus effroyable des hontes!... »

Il est aisé de comprendre l'acharnement de Mᵉ Lachaud contre le colonel. Il est aisé de comprendre la colère de M. le maréchal! Eh quoi! vous ne trouvez rien de mieux, pour poser les assises de votre défense, pour prouver que vous avez eu raison de rendre l'armée, la forteresse, les armes et les drapeaux, vous ne trouvez rien de mieux, dis-je, que de signaler aux sévérités de M. le ministre de la guerre un officier supérieur dont le tort immense est de s'être senti plus patriote qu'impérialiste! Soit! soit! la France appréciera ce moyen. Elle l'appréciera, mais ne craignez-vous pas qu'elle se souvienne de ce vieux proverbe: Il n'y a que la vérité qui offense? Ne craignez-vous pas qu'elle se mette du côté de ce brave et loyal soldat dont les écrits indiquent ce que démontre le rapport? à savoir : que le maréchal Bazaine a pour son honneur et celui de la France, beaucoup trop médité ce fameux vers de Boileau :

Le premier qui fut roi fut un soldat heureux!

VI

LES BRAILLARDS

10 novembre 1873.

J'ai rappelé la lettre énergique du colonel d'Andlau. Je l'ai rappelée, non-seulement parce qu'elle a sa place au dossier du procès, mais encore parce qu'elle était l'expression exacte des sentiments de l'armée du Rhin dans la journée du 27 octobre.

Cette protestation n'est pas la seule qui ait été faite. Il faut se souvenir que lorsque la résolution d'en finir fut définitivement arrêtée au château de Frescaty, bon nombre d'officiers, auxquels s'étaient joints quelques élèves de l'École d'Application, résolurent de faire une trouée. Il leur importait peu, à ces braves, que l'article 4 du protocole de la capitulation portât que : « pour reconnaître le courage dont ont fait preuve pendant la durée de la campagne les troupes de l'armée et de la garnison, il est en outre permis aux officiers qui opteront pour la captivité d'emporter avec eux leurs épées ou sabres, ainsi que tout ce qui leur appartient personnellement. » Ils savaient ce que valait un tel article. Ils avaient compris que cette concession n'était qu'une apparence d'*honorabilité* donnée à la capitulation ! Ils avaient compris juste. Ils le sentirent en voyant avec quelle rapidité M. le maréchal voulait que le désarmement s'exécutât. L'on craignait déjà qu'une entente ne s'établît entre les officiers.

Certes, l'on avait raison. Le 28, dès neuf heures, on vit arriver à la caserne du génie un grand nombre d'officiers apportant, qui des listes d'adhésion, qui des renseignements, qui des plans, qui le nombre d'hommes dont il disposait. Le général Clinchant était désigné comme devant diriger l'expédition.

Je n'ai pas la compétence nécessaire pour juger à première vue un plan de campagne, mais celui qui fut proposé ce jour-là me semblait et me semble encore aussi intelligent que praticable. Le commandant en chef s'inquiéta de cette réunion. Il en prévint le maréchal Lebœuf pour qu'il usât de son autorité afin d'entraver les généreux projets de son subordonné et qu'il insistât pour que le désarmement du 3ᵉ corps fût activé.

Le général Clinchant, appelé chez son supérieur, reçut du général Changarnier une verte admonestation. C'est là qu'il s'écria devant plusieurs officiers :

« Je n'aime pas les *braillards*, entendez-vous, général ; j'aime mieux que l'armée périsse que de la voir se sauver par l'indiscipline ! »

Les braillards ! Mais, monsieur le général, les braillards de ce jour-là étaient des hommes, des hommes, entendez-vous ! et qui avaient pour excuse un patriotisme à toute épreuve fortement chevillé dans le ventre !

La discipline est une bien belle chose, mais qui oserait crier contre les protestations énergiques de ceux qui se sont indignés des monstruosités de Metz ?

Oui, qui oserait?... Il n'y a qu'un Mᵉ Lachaud qui soit obligé de faire appel à une effronterie aussi indécente pour ériger l'apothéose de son client ! Mais qu'est donc l'invocation de la discipline dans un pareil moment, sinon le renversement, l'écroulement de toutes les idées reçues sur la loyauté et l'honneur ?

A l'heure présente, il en est un de ces *braillards*

qui est porté candidat républicain à l'Assemblée nationale par les électeurs de l'Aube. C'est le général Saussier, l'ancien colonel du 41ᵉ de ligne. Il n'est peut-être pas inutile de dire quelques mots en sa faveur sur sa conduite à Metz. Mais que pourrais-je dire au-dessus du document suivant ?

PROTESTATION DES OFFICIERS DU 41ᵉ DE LIGNE
CONTRE LA CAPITULATION

A monsieur le Rédacteur de l'*Indépendance belge.*
Hambourg, 23 novembre 1870.

« Monsieur le Rédacteur,

» La capitulation de Metz, aussitôt qu'elle a été connue de l'armée de Bazaine, a été, pour tous ceux qui en faisaient partie, un bien cruel affront.

» Sans faire de commentaires, je puis vous assurer que tous nous avons protesté contre cet acte honteux, auquel nous étions loin de nous attendre.

» Le 41ᵉ de ligne en particulier, commandé par M. le colonel Saussier, ainsi que tous les officiers de son régiment, dès que les bruits de la capitulation ont circulé, ont adressé au maréchal Lebœuf, commandant le 3ᵉ corps d'armée, sous les ordres duquel ils se trouvaient, la protestation ci-après, dont je vous envoie le texte même, en vous priant de vouloir bien lui donner accès dans les colonnes de votre journal bien sympathique.

» Queuleu, 28 octobre 1870.

» Au maréchal Lebœuf, commandant le 3ᵉ corps d'armée, à Saint-Julien.

» Les officiers soussignés du 41ᵉ régiment de ligne, quoique n'ayant pas encore reçu la communication officielle d'une capitulation sans conditions, croient devoir néanmoins considérer comme vrai cet immense désastre. Ils se font un devoir de protester de la façon la plus solennelle contre la reddition entière d'une armée qui n'a pas encore été battue par l'ennemi ; ils vous prient de vouloir bien être assuré de leur concours, et si vous voulez bien faire un appel à leur dévouement pour un acte énergique, ils se déclarent tous prêts à combattre.

» Suivent les signatures du colonel Saussier et de quarante-deux autres officiers de son régiment.

» Veuillez bien agréer, monsieur le Rédacteur, l'assurance de ma considération et de mon dévouement.

» MEYER,

lieutenant au 41ᵉ de ligne, prisonnier de guerre à Hambourg. »

VII

LA DÉPÉCHE DU 23 AOUT

12 novembre 1873.

Ne trouvez-vous pas qu'il soit sinistrement comique de voir des officiers supérieurs de l'armée du Rhin manquer de mémoire si à propos sur des faits graves et qui datent à peine de trois ans ? Quelques médecins soutiennent que l'abus de la cigarette influe d'une façon désastreuse sur la mémoire. Certes, à ce compte-là, on est en droit de supposer que ces messieurs ont fait depuis la campagne de Metz une bien grande consommation de tabac fumé sous cette forme ! Comment ! les assertions des colonels Lewal et d'Andlau, affirmées par les constatations du maréchal Canrobert, du commandant Samuel et du capitaine Jung, n'obtiennent que des dénégations absolues de la part de la défense ! Alors, que tirer de cette confusion, sinon ce dilemme ? Ou les colonels Lewal et d'Andlau altèrent sciemment la vérité : alors ce sont deux faux témoins ; ou leur mémoire est exacte, ce qui peut s'admettre facilement, étant donné un fait qui a dû les frapper aussi vivement que douloureusement : alors ce sont de loyaux et énergiques soldats qui méritent bien de la patrie. Que penser ? Que croire ? Que tirer de là ? Le doute. Le doute ! et pourtant cette erreur, à laquelle se rattache désespérément la défense, ne tente-t-elle pas de montrer comme vrai le second membre du dilemme ?

La dépêche du maréchal Mac-Mahon, s'écrie l'accusé, partie le 22, ne pouvait pas être arrivée le 23 à Metz ? Bien joué ! Voilà un fait matériel vraisemblable, possible même. Mais qui a dit que la dépêche vînt de Châlons ? qui a dit qu'elle fût signée Mac-Mahon ? Le colonel Lewal ? Il ne s'est jamais prononcé sur ce fait. Il s'est contenté d'indiquer, comme détail frappant, que cette dépêche était *roulée en forme de cigarette*. Cela paraît insignifiant au premier abord. Ne semble-t-il point que ce soit d'une importance secondaire ? Qu'importe, à première vue, que la dépêche soit comprimée dans une boulette de caoutchouc, intercalée dans une semelle de soulier, cousue entre deux doublures, enfermée dans une dent plombée ou roulée en cigarette? Eh bien! comparez les formes affectées par les dépêches reçues ou envoyées au quartier général de l'armée du Rhin, vous constaterez que toutes les dépêches émanant du colonel Magnan étaient toutes *roulées en forme de cigarette,* ce qui veut dire qu'il est de toute probabilité que la fameuse dépêche Lewal était adressée à M. le maréchal par ledit colonel. Je dis de toute probabilité, car le colonel Magnan, abusant sans doute de la cigarette, manque totalement de mémoire à cet endroit. Il faut dire qu'en ce point, le colonel Turnier ne lui cède en rien.

Quand donc l'ange de la vérité descendra-t-il dans cette Jérusalem un flambeau à la main?

Quoi qu'il en soit, chacun est autorisé à supposer qu'un aide de camp du maréchal Bazaine, parti tout exprès de Metz pour aller dire à l'empereur *la vérité sur la situation,* et qui venait de passer plusieurs heures avec Napoléon III et le maréchal Mac-Mahon, a dû envoyer émissaires sur émissaires au commandant en chef de l'armée du Rhin. Chacun est en droit de penser, malgré les assertions dues au manque de mémoire du colonel Magnan, qu'il était porteur de dépêches urgentes ; chacun, en un mot, est en droit de croire, avec M. le président, que les instructions reçues par le colonel Magnan, *avaient une importance sérieuse*, c'est-à-dire que, si la vérité sur cette dépêche n'est pas dégagée de tout nuage, le doute est presque impossible sur la véracité des assertions des colonels Lewal et d'Andlau !

VIII

LA PRESSE MESSINE

19 novembre 1873.

Le 23 août, on ignorait, se plaît à dire la défense, la marche de Mac-Mahon vers le nord. Et pourtant le nom du maréchal était dans tous les cœurs, sur toutes les lèvres. On en était arrivé à répéter chaque soir les litanies de Mac-Mahon, si plaisamment répandues par un journal de Metz. Ces litanies disaient :

« On s'est moqué de Louis XVIII, qui se laissait appeler *le Désiré* par ses flatteurs; mais le maréchal de Mac-Mahon pourra, chez nous, prendre ce royal surnom sans crainte d'être blâmé; nous sommes comme la femme de Barbe-Bleue, quand son aimable mari s'apprêtait à lui couper le cou, et sans cesse nous crions : « Bazaine, Bazaine, ne vois-tu rien venir ?

» — Je ne vois que la prairie qui verdoie, la route » qui poudroie et les Prussiens qui se déploient. »

» Et voilà le refrain de chaque jour.

» Ah! monsieur le maréchal, si vous saviez avec quelle impatience on vous attend, avec quelle ardeur on vous désire, quel triomphe on vous prépare, quelles actions de grâces on vous rendra, vous redoubleriez encore de zèle, s'il est possible, à châtier les Prussiens et à arriver au milieu de nous. Nos ménagères surtout, exaspérées du prix des vivres, sont toutes prêtes à vous canoniser ni plus ni moins que le bienheureux Benoît Labre ou saint Cupertin; déjà vous avez vos litanies, et tous les soirs nous ajoutons à nos prières ce que vous allez lire :

» Puissant Mac-Mahon, lieutenant du Dieu des armées, aie pitié de nous.

» Toi qui commandes à Ducrot, à Douay, à de Failly, jette les yeux sur nous,

» Viens nous rendre la tranquillité et le beurre à douze sous la livre, remettre la paix dans nos cœurs et le gigot de mouton sur nos tables; délivre-nous des Prussiens, de l'isolement et du bouillon de cheval; apporte-nous du sucre, du sel et des journaux de

Paris, et ton vaillant nom sera béni et honoré dans les siècles des siècles. Ainsi soit-il. »

Voilà ce que l'on répétait chaque soir. Et, était-ce l'effet de l'imagination, était-ce l'effet d'un désir qu'on veut voir se réaliser? je ne sais; mais ce qu'il y a de certain, c'est que, le 23, des bruits circulaient sur l'armée de Mac-Mahon. On le disait à Étain, et cette nouvelle s'affirmait en passant de bouche en bouche. La presse, comme l'armée, voyait dans les mouvements de troupes opérés en vue de la sortie du 26, une confirmation de ces bruits. Or, il n'y a pas de fumée sans feu, dit un vieil adage. Ce qui prouverait encore une fois de plus que le doute n'est pas permis sur les assertions des colonels Lewal et d'Andlau.

Ce fut dès après la fausse sortie du 26 que les communiqués directs ou indirects commencèrent à pleuvoir sur la presse. M. Mayer, rédacteur en chef de l'*Indépendant de la Moselle*, prétend, dans sa déposition, que le premier communiqué qu'il ait reçu de l'autorité militaire lui fut adressé après le combat de Ladonchamps. Je ne porte point le plus léger doute sur la parole du patriotique Messin. Ce n'est donc pas dans son journal que j'ai pris, comme je le croyais, .l'avis suivant en date du 27 août, et évidemment inséré sous l'instigation de l'autorité : « *La ville de Metz contient pour 200,000 hommes de vivres pendant quarante jours.* »

Que penser de cette note dont l'exactitude écrasante a été dévoilée par la date de la reddition ? Quel était le but de la publication d'un pareil avis ? Était-ce une tentative de démoralisation sur l'armée ? Était-ce une invitation faite aux Prussiens pour entamer les négociations ?

Ce qu'il y a de certain, c'est que M. le maréchal a, par ce fait, une porte dérobée pour esquiver la fatale accusation que le rapport fait peser sur lui, au sujet de la communication sur les vivres glissée dans l'oreille du sieur Régnier. Il est donc plus que probable que ce premier communiqué, officieux ou officiel, n'a pas été lancé sans but.

Du reste, la suspension du *Moniteur de la Moselle* montre, jusqu'à l'évidence, que la note sur la durée des vivres émanait de haut lieu.

Le *Moniteur de la Moselle* avait publié un tableau des effectifs des armées françaises, et même de ceux de l'armée de Metz. Ordre de suspension de publication fut lancé pour avoir donné ces effectifs *d'après des documents erronés*. Ne trouvez-vous pas la cause de cette suspension fort amusante? Si les documents sont erronés, quel mal y a-t-il? Est-ce donc un si grand crime que de tromper les Prussiens? Si le mot *erronés* veut dire *trop vrais,* pourquoi ne pas avoir suspendu les feuilles qui annonçaient que nous n'avions plus que *deux mois de vivres pour 200,000 hommes?* Telle est encore une de ces nombreuses impasses qui composent le labyrinthe du procès Bazaine.

Malgré l'établissement de la censure, la presse messine s'exténua à donner des renseignements. Bien que le papier blanc manquât, on vit l'*Indépendant de la Moselle,* le *Vœu, national,* le *Courrier de la Moselle,* tirer leurs exemplaires sur papier jaune, bleu, vert, rouge, etc. Seul, le *Journal de Metz* conserva la blancheur de son teint, usant pour cela d'un procédé assez original. Comme il ne s'imprimait que d'un seul côté, il tira les numéros du jour sur le *bouillon* de la semaine précédente, c'est-à-dire sur l'envers de ses numéros invendus.

Mais le quartier général surveille fortement ces

publications, et ceux qui fréquentent les bureaux de rédaction commencent à s'apercevoir que dame censure annihile invariablement tout ce qui peut être désagréable à *ces bons messieurs les Prussiens.*

Malgré cette censure, qui coupait au patriotique rédacteur en chef de l'*Indépendant de la Moselle* des articles sur la *Constituante*, les *Ruses de guerre*, dans lesquels on croyait voir percer une certaine ironie à l'adresse de la Place, on vit paraître des entrefilets sur la loi militaire, qui condamne à la dégradation et à la peine de mort le commandant d'une place de guerre, qui capitule sans avoir forcé l'ennemi à passer par les travaux lents et successifs des siéges, et avant d'avoir repoussé un assaut au corps de place, sur des brèches praticables.

M. Mayer ne s'en tint pas là. Jetant au feu les communiqués démoralisateurs que lui envoyait le Quartier Général, il publia quelques exemples historiques de défenses sublimes, tels que la défense d'Anvers par Carnot, celle de Gênes par Masséna.

Rien n'y fit. Enfin, un article qui se terminait par ces mots : « Qu'on ne prononce plus ce mot : *capitulation,* » fit suspendre le journal.

Pour seconder le patriotisme des journaux, quelques habitants couronnèrent d'immortelles la statue de Fabert et lui mirent un drapeau dans les bras, comme pour attirer l'attention de tous vers l'inscription gravée sur le piédestal :

SI, POUR EMPÊCHER QU'UNE PLACE
QUE LE ROI M'A CONFIÉE TOMBAT AU
POUVOIR DE L'ENNEMI,
IL FALLAIT METTRE A LA BRÈCHE MA
PERSONNE, MA FAMILLE ET TOUT MON
BIEN, JE NE BALANCERAIS PAS UN
MOMENT A LE FAIRE.

A quoi bon éveiller l'attention de chefs dont le parti était pris? Y a-t-il quelqu'un de plus sourd que celui qui ne veut pas entendre?

La Pucelle Lorraine perdit sa virginité. Elle la perdit et la malédiction fut dans toutes les bouches, à tel point que M. Bouchotte refusa le ruban que le maréchal lui offrait en s'écriant : « Je ne puis recevoir la croix de la main qui vient de signer la capitulation de Metz. »

IX

LA VOIX D'OUTRE-TOMBE

22 novembre 1873

Le 14 août au matin, il y eut un grand branle-bas dans les rues de Metz. L'armée était en mouvement et passait de l'autre côté de la Moselle, moitié sur les ponts de la ville, moitié sur des ponts volants. A neuf heures, Napoléon III et le prince Impérial quittent Metz et vont momentanément loger dans la maison du colonel Hennoque à Longeville. Tous les murs de la ville sont zébrés de grandes pancartes blanches! Ce sont les adieux du chef de l'État.

*« S. M. l'Empereur aux habitants de la ville
de Metz.*

» En vous quittant pour aller combattre l'invasion, je confie à votre patriotisme la défense de cette grande cité. Vous ne permettrez pas que l'étranger s'empare de ce boulevard de la France, et vous rivaliserez de dévouement et de courage avec l'armée.

» Je conserverai le souvenir reconnaissant de l'accueil que j'ai reçu dans vos murs et j'espère que dans des temps plus heureux, je pourrai venir vous remercier de votre conduite.

» *Du quartier impérial de Metz, le 14 août 1870.*

» NAPOLÉON. »

Ah! monsieur Napoléon! si vous n'aviez confié qu'aux patriotes Messins la défense de cette cité qui avait, jusqu'à ce jour, mérité l'épithète de Jeanne d'Arc, elle serait peut-être en notre pouvoir, la France n'aurait point eu la douleur de voir une de ses belles filles violée par une prostitution. Metz! Metz la Pucelle n'eût jamais retenti du bruit énervant de la ferraille des soudards prussiens, battant les dalles de ses trottoirs! Je ne veux pas insulter à votre tombe, mais cependant, je suis forcé de reconnaître, sire, que vous ne disiez pas toute la vérité dans cette proclamation. Ce n'était pas aux Messins que vous confiiez la défense du grand boulevard de la France. La défense était octroyée à un maréchal rêvant le vice-impériat,

ou la régence; elle était octroyée à un général débon-
naire qui ne sut jamais opposer à l'autocratie du commandant en chef de l'armée du Rhin, le droit énergique du gouverneur de place.

Soudain la canonnade éclata dans la direction de la
porte Mazelle. Les forts Saint-Julien et Queuleu
tirèrent à toute volée. Les crépitements de la mitrail-
leuse déchirèrent l'atmosphère. On se battait à Borny.
Les obus grêlaient. Les balles pleuvaient. Les morts
et les blessés tombaient et s'entassaient.

Le brave et intelligent commandant en chef du
3e corps, le général Decaen est blessé. *Légèrement,*
dit le bulletin. Mais le bulletin est erroné comme
tous ceux qui traitent de cette matière. Le général
Decaen était blessé à mort, et rendait l'âme le 2 septembre au milieu du deuil général de l'armée et de la
ville. L'inaction à laquelle il était réduit, le chagrin
qu'il ressentit en voyant la tournure que prenaient nos
affaires, ont beaucoup influé sur l'état du général.
L'avenir ne lui apparaissait pas en rose. Son opinion,
qu'il ne cachait à personne, était navrante. Il disait ce
qu'il pensait à qui voulait l'entendre. Ses paroles circulaient dans la ville et dans le camp. Je les trouve

même consignées dans le livre d'un de mes confrères, M. E.-A. Spoll, *Metz en 1870*.

« C'est l'armée et la France qui sont malades, non pas moi, s'écriait-il en frappant l'oreiller de son lit de douleur et se relevant sur son séant. Oui, nous sommes perdus! Et vous, qui m'entendez, savez-vous par qui? par cet imbécile qui est venu se mêler de commander une armée et qui n'y entend rien. Puis par la rivalité des chefs de corps incapables, inactifs, qui ne songent qu'à s'entre-déchirer; par ce Bazaine qu'on a mis à notre tête, *un égoïste, un ambitieux, un homme qui aurait sacrifié l'armée tout entière pour sauver son corps.*

» Je vais vous en citer un exemple : Il s'était fait prêter une division par Ladmirault, qui a eu toutes les peines du monde à se la faire rendre. Celui-ci fait exception, c'est un manœuvrier, un soldat, les Prussiens ne le prendront pas sans vert.

» Croiriez-vous que le troisième corps n'était pas seulement éclairé quand j'en ai pris le commandement? J'étais en train de monter un service d'éclaireurs très-complet lorsque j'ai été blessé. Maintenant, c'est Lebœuf qui a mon corps, il ne me le rendra pas, et Dieu sait ce qu'il en saura faire ! Bazaine, lui, n'est pas incapable, mais il ne s'occupe pac assez de son affaire, *il a d'autres idées en tête.*

» Puis, voulez-vous que je vous le dise, tout cela a été mal engagé. On nous dit ici qu'on attend Mac-Mahon ; eh bien, retenez ce que je vous dis : Mac-Mahon n'est pas fichu d'arriver à Metz. Il n'a pas de soldats, et il n'en aura pas à temps. Tandis que les Prussiens ont déjà 800,000 hommes. Il se fera peut-être tuer, parce qu'il est brave, mais il n'est pas assez tacticien pour tirer un résultat du peu d'éléments qu'il possède ; surtout si l'*autre* s'en mêle.

. . . .

» C'est 200,000 Allemands de plus, et des meilleures troupes, dans la France envahie, pillée, mise en coupe réglée ; et rien à leur opposer.

» Ils prendront Paris, ils voleront nos musées, nos collections, toujours sous le prétexte de la revanche de 1806. Ah ! vous ne les connaissez pas, les Prussiens : ils nous feront payer cher leur victoire ! J'espère bien que je ne le verrai point, j'aime mieux me faire tuer, j'en crèverais de rage ! »

C'était vers la fin du mois d'août que le général Decaen tenait de pareils propos.

Voilà un général honorable s'il en fut qui prétend que M. le maréchal *eût sacrifié l'armée tout entière pour sauver son corps*. Il connaissait donc bien son commandant en chef pour ne point prendre plus en considération l'ordre général daté du 20 août, qui avait paru quelques jours auparavant :

« ORDRE GÉNÉRAL.

« Officiers, sous-officiers et soldats de l'armée du Rhin, vous venez de livrer trois combats glorieux, dans lesquels l'ennemi a éprouvé des pertes sensibles et a laissé entre nos mains un étendard, des canons et 700 prisonniers.

» La patrie applaudit à vos succès.

» L'empereur me délègue pour vous féliciter et vous assurer de sa gratitude. Il récompensera ceux qui ont eu le bonheur de se distinguer parmi vous.

» La lutte ne fait que de commencer; elle sera longue et acharnée, *car quel est celui de vous qui ne donnerait la dernière goutte de son sang pour délivrer le sol natal?*

« Que chacun de nous, s'inspirant de l'amour de

notre chère patrie, redouble de courage dans les combats, de résignation dans les fatigues et les privations.

» Soldats,

» N'oubliez jamais la devise inscrite sur vos aigles : *Valeur* et *Discipline*, et la victoire est assurée à la France, car la France entière se lève derrière vous. »

La France entière se lève derrière vous ! Qu'il me soit permis d'ouvrir une parenthèse pour faire remarquer combien sont nombreux les points d'interrogation que ce dernier membre de phrase fait dresser devant la conduite postérieure du maréchal.

Comme vous avez pu le voir, la voix d'outre-tombe du général Decaen se trouve en contradiction avec les assertions du général Changarnier. Pour ce dernier, Bazaine est *incapable ;* pour le premier, il n'est pas incapable, mais *il a bien d'autres idées en tête.* Qui des deux a raison ?

Le vivant ! Les morts n'ont pas voix au conseil, n'est-ce pas ? Le brave général Decaen n'est plus pour affirmer ou infirmer les paroles que je vous ai rapportées ! Il n'est plus ! Son fantóme se dresse éploré au milieu de nos frères morts dans la vallée de la Moselle. Il gémit sur la prostitution de Metz. Son œil sans prunelle scrute la conscience du maréchal. Il ouvre ses mâchoires, il veut parler; mais sa voix est sans timbre, et les portes de Trianon sont fermées aux fantômes! Tant mieux, n'est-ce pas, monsieur le maréchal? Si tous ceux qui sont morts inutilement revenaient pour se succéder à la barre des témoins, la partie ne serait pas belle. Elle l'est déjà bien peu. Ceux qui vivent donnent souvent des détails accablants, trop accablants pour votre repos. Il m'est avis qu'il n'est point besoin des morts pour troubler votre quiétude apparente; mais il m'est avis aussi qu'il est bon que le pays sache ce qu'un brave officier comme le général Decaen pensait sur l'accusé Bazaine, ci-devant commandant en chef de l'armée du Rhin.

X

LES MESSINS DEVANT L'HISTOIRE

26 novembre 1873.

J'ai dit que la proclamation de l'empereur aux habitants de Metz datée du 14 août n'était qu'un assemblage de mots. J'ai dit que si la défense de notre grande cité lorraine eût été confiée seulement au patriotisme des Messins, la France ne porterait peut-être pas le deuil de cette fille indignement arrachée à ses mains.

Maréchaux, généraux, officiers passent et repassent devant le conseil de guerre déclarant hautement que la discipline et le moral de leurs troupes n'avaient point subi la moindre égratignure. Soit! je ne relève pas ces paroles, et bien que cela ne fût pas toujours vrai, j'admets que la démoralisation ne parcourut jamais le camp retranché.

Mais l'on oublie trop la ville de Metz! Quelle a été son attitude pendant cette période néfaste? Quel rôle ont joué les habitants de cette ville dans le sombre et sanglant drame de 1870? Étaient-ils complices de l'inaction de l'armée? Leur importait-il de rester Français ou de devenir Allemands? Voulaient-ils être acteurs là où on les considérait comme comparses, ou bien aimaient-ils mieux, en effet, être comparses qu'acteurs? Il faut dispenser à chacun l'éloge ou le blâme qui lui est dû.

Le 7 août, les dépêches annonçant les désastres de Forbach et de Reischoffen se succèdent. Une anxiété fiévreuse règne dans la ville. Les habitants réclament, avec juste raison, qu'on les tienne immédiatement au courant des bonnes et des mauvaises nouvelles. M. Maréchal, le maire de Metz, dont le nom ne doit être prononcé qu'avec respect, se rend auprès du général Coffinières, demandant des armes pour ses administrés. Les cadres de la garde nationale se forment. Plus de cinq mille hommes se font inscrire. Metz est déclarée en état de siége. La hache et la pioche font rage dans la zone des fortifications.

Les Messins, avec la sérénité des Spartiates, contemplent du haut des remparts ces effondrements, qui causent la ruine de quelques-uns.

Lorsque le dernier arbre fut tombé, lorsque le dernier morceau de plâtre se fut écroulé et que l'on ne vit plus que les charpentes, ces squelettes des villas et des guinguettes, brocher sur l'azur du ciel, ils quittèrent le rempart l'œil sec, la bouche muette, pour aller aux arsenaux chercher des fusils et des cartouches.

Ils s'enrégimentent, les Messins! ils s'enrégimentent sérieusement. Ce n'est pas le galon qu'ils recherchent; ce n'est point l'uniforme qu'ils veulent endosser. La blouse en toile écrue et la casquette, dont la couleur du liseré indique le numéro du bataillon, ne forment pas une livrée bien séduisante. Qu'importe! Ce qu'ils veulent, c'est défendre à tout prix leur chère ville; car ils savent bien que si les Prussiens prennent Metz, ils ne la rendront pas. Ils savent, comme l'ont écrit depuis les rédacteurs du *Blocus de Metz*, ils savent que dans le cas d'une chute l'armée n'aura qu'une épreuve passagère à subir; qu'elle a sans doute en perspective la captivité et de nombreuses souffrances, mais qu'un jour viendra où elle se retrouvera encore l'armée de la France, tandis qu'eux, ils sentent bien que *leur chère cité ne sera plus une ville française!*

Que Metz ait été prise, passe encore ; mais que Metz ait servi de rançon à l'armée du Rhin, voilà une chose qui navre et que la France peut jeter à la face de ceux dont l'âme, par trop tendre, absout entièrement l'accusé Bazaine.

Qu'on le sache bien, Metz n'a cessé de protester contre l'inaction dans laquelle on maintint l'armée à partir du 1er septembre. Elle comprenait trop, la malheureuse cité, le sort qui l'attendait le jour où les approvisionnements seraient épuisés. Elle a protesté et ses protestations sont acquises à l'histoire. Ce sont d'écrasants témoignages contre le général en chef de l'armée du Rhin.

Il est une de ces protestations qui restera dans nos annales comme le testament de la Pucelle Lorraine. C'est une adresse couverte des signatures d'un millier d'habitants notables de Metz et remise au maire. Cette adresse est sublime de sagesse et de patriotisme. Il est regrettable qu'on n'en ait pas plus parlé à l'audience de Trianon. La voici :

Adresse du 26 septembre à M. le maire
de Metz

« Monsieur le maire,

» Nous avons accueilli avec gratitude l'expression de la patriotique confiance que vous mettez en nous. C'est pour y répondre que nous oserons aujourd'hui appeler votre attention sur la situation de notre ville. Il vous sera permis à vous, le représentant naturel et respecté d'une vieille cité qui veut rester française, de faire, à cette occasion, telle démarche que vous jugerez nécessaire, et de parler avec la franchise et la simplicité que commandent les circonstances.

» Il ne nous appartient pas de rappeler tout ce qu'a fait notre ville depuis le début de la guerre, et ce n'est pas d'ailleurs pour marchander son concours que nous le rappellerons ici.

» Nous avons la confiance que son patriotisme croîtra en raison même des épreuves qui peuvent nous atteindre encore. Mais il est des difficultés qu'il est bon de prévoir, puisque le temps ne fait que les accuser davantage, et que, dans une certaine mesure, nous pensons qu'on peut y pourvoir.

» Nous croyons que l'armée rassemblée sous nos murs est capable de grandes choses, mais nous croyons aussi qu'il est temps qu'elle les fasse. Chaque jour qui s'écoule amènera pour elle et pour nous des difficultés nouvelles. Faute de nourriture, ses chevaux, réduits à l'impuissance, paralyseront ses mouvements et disparaîtront bientôt.

» Le froid, la pluie peuvent encore entraver toute opération et amener un cortége de maladies plus redoutables peut-être que les blessures. Avec le temps aussi, et malgré la plus sage réglementation des vivres, la faim, mauvaise conseillère, peut égarer les esprits peu éclairés, dans la ville et dans les camps, et occasionner des conflits terribles que le patriotisme lui-même sera peut-être impuissant à conjurer.

» Nous croyons qu'il est temps d'agir, parce que. l'insuccès lui-même vaut mieux que l'inaction, parce que tous les moments sont comptés, parce que, sans pouvoir discuter ni même indiquer des opérations militaires, le simple bon sens nous montre clairement que des entreprises énergiques et rapidement conduites, avec l'ensemble de forces dont on dispose, peuvent amener des résultats considérables, peut-être décisifs.

» Laisserons-nous venir le jour où, après avoir fermé les yeux, il faudra reconnaître que les retards nous ont été funestes, et ont eu des conséquences irréparables? Certes, toute tentative est périlleuse; mais, avec le temps, le péril sera-t-il moindre? Quel secours attendons-nous d'ailleurs? Est-ce la question politique qui se mêle à tort à la question militaire et qui commande ces lenteurs? Dira-t-on que c'est à Paris que notre sort doit se décider? Vous ne le pensez pas, monsieur le maire, et, avec toute l'énergie que vous donne une autorité que vous tenez de tous, vous direz, comme nous, que c'est à Metz, avec les ressources existant à Metz, et sous Metz, que doivent se régler les destinées de notre ville. Pour celles de la France, il ne nous appartient pas, il n'appartient à personne, ni à un parti, ni à un homme, de les régler dans le secret. C'est au grand jour et pacifiquement que le scrutin auquel nous avons été conviés pourra seul en décider. D'ici là, quelle plus noble ambition de sauver notre pays, de prêter la main aux luttes grandioses que soutient notre capitale, et d'imiter l'héroïsme de Strasbourg!

» Nous avons la confiance que toute démarche tentée par vous répondra à des conseils déjà formés dans le silence, et que, s'inspirant de la grandeur d'une situation peut-être unique dans l'histoire, le commandement aura cette autorité et cette décision qui s'imposent et qui produisent les victoires.

» Qu'on pardonne donc, s'il en est besoin, à la franchise de notre langage : il n'y a dans notre pensée ni désir déplacé d'ingérence, ni récrimination; il n'y a pas surtout le dessein de froisser des sentiments qui méritent le respect. Mais nous devons tous nous rapprocher aujourd'hui ; c'est parce que nous voulons que l'armée et la population soient intimement unies c'est parce que nous croyons que cette union peut amener de grandes choses, que nous vous adressons cet appel.

» Il nous a semblé que nous avions le devoir d'élever notre voix, parce qu'elle vous apporte dans sa sincérité le reflet des légitimes passions qui agitent notre population, parce qu'elle dégage notre responsabilité et satisfait un patriotisme résolu à tous les sacrifices. Si dures que soient les exigences de la situation, vous savez bien, monsieur le maire, que notre ville les supportera, et vous avez le droit de le dire, *puisqu'elle ne veut pas être la rançon* de la paix, et qu'après le long passé d'honneur qu'elle trouve dans ses annales, elle ne veut pas déchoir. »

MM. Sturel et Michel remirent cette mémorable adresse au maire de Metz, M. Félix Maréchal. L'honorable fonctionnaire la porta lui-même au commandant en chef de l'armée du Rhin, qui lui répondit qu'en immobilisant l'armée autour de Metz il avait agi, non de son plein gré, mais sous *l'influence de considérations dynastiques très-puissantes.*

Ainsi, la retraite après Rezonville, la déroute *voulue* de Saint-Privat-la-Montagne, les fausses sorties des 26 et 31 août, n'étaient que les exigences d'un plan soumis à *des considérations dynastiques!* Eh bien! s'il y avait des considérations dynastiques à sauvegarder avant le 1er septembre, qn'étaient-elles devenues après la chute du gouvernement impérial? Le désastre de Sedan et l'établissement du gouvernement de la Défense Nationale ne réduisaient-elles pas à néant ces considérations? La patrie est-elle donc solidaire de son ancien gouvernement? Et quand elle le serait, n'a-t-elle point le droit de briser tout lien de solidarité lorsque ce gouvernement l'a jetée dans la boue sous la botte de l'envahisseur?

Mais il paraît que la logique était entendue d'une toute autre façon au Ban-Saint-Martin. Le quartier général commençait l'élaboration de ces théories néfastes qui devaient entraîner Metz dans la chute de l'armée, et faire considérer les drapeaux, le symbole de l'honneur du soldat, comme choses faisant partie du matériel et devant être *inventoriées.* L'empire était tombé; il fallait faire revivre l'empire et surtout priver le nouveau gouvernement des forces dont on disposait sous Metz. Voilà ce que la réponse de M. le maréchal à *l'adresse du* 26 fit comprendre aux braves

Messins. La nouvelle de la capitulation de Strasbourg et l'arrivée d'un mystérieux inconnu, — l'agent Régnier, — ne firent que redoubler leur inquiétude. Comme Français, ils songeaient avec effroi à une restauration impériale ; comme citoyens de Metz, ils fermaient les yeux devant la navrante perspective d'une reddition.

Leurs pressentiments n'étaient pas vains. Le complot de restauration bonapartiste ourdi avec le sieur Régnier devait se continuer plus tard en Allemagne, et la Pucelle Lorraine, avec ses forts *achevés*, ses glacis vierges d'obus et ses remparts intacts, devait servir de rançon à la France !

Malgré ces terreurs, les Messins ne cessèrent de faire preuve d'abnégation et de patriotisme. Les femmes, de toutes classes, de tout âge, se coudoyaient dans les ambulances, le sourire dans les yeux, le mot de consolation sur la bouche. Elles rivalisaient entre elles de soins et de prévenances pour ces malheureux, blessés dans des combats héroïques que le commandant en chef avait par avance frappés de stérilité. Une parisienne, madame Cahen, fouettait encore leur émulation par son infatigable et angélique douceur.

Le temps passait. Les vivres diminuaient. L'inquiétude augmentait.

Le général Coffinières requit le maire de Metz de mettre en commun les vivres de la ville et de l'armée.

L'indignation fut au comble. Ainsi, Bazaine, pour satisfaire à des considérations dynastiques, ne se contentait pas d'être inutile à la France et à Metz, mais encore il allait dévorer les subsistances de cette dernière, précipiter et forcer sa capitulation ! Le 25, les commandants de la garde nationale se présentèrent chez le maréchal et lui exposèrent le mécontentement de la ville. Eh bien ! savez-vous comment M. le maréchal répondit à la juste indignation de ces braves citoyens ? Il y répondit en jouant devant eux le rôle de croquemitaine. Il leur donna des détails fantastiques sur les forces prussiennes... Fallait-il être assez naïf ! Quand on a affaire à une population comme celle de Metz, monsieur le maréchal, l'intimidation est une arme qui s'émousse vite ! Si vous aviez fréquenté la ville et les camps, vous n'auriez pas joué ce jeu-là ! Mais vous préfériez rêver gloire et régence dans le fond de votre villa ; aussi vous fites, ce jour, ce que nous nommons, nous autres, en termes de coulisses, un *joli four*. Les yeux des Messins se dessillèrent. Leur dernière illusion s'envola.

C'est alors que, bravant l'état de siége, ils protestèrent hautement, et contre l'inaction de l'armée, et contre les tendances de restauration bonapartiste. La République fut proclamée. Les aigles, arrachées des hampes des drapeaux, furent jetées dans la boue et foulées aux pieds. Les portes de la cathédrale cédèrent sous les pressions de la foule. Le clocher fut envahi et l'immense bourdon, la cloche de joie ou de deuil, la *Mutte*, fut lancée à toute volée dans les airs.

Il semblait que les malheureux Messins voulussent, par la voix retentissante du bronze, franchir les lignes prussiennes, pour protester, contre la honte qui les attendait, devant la France et le trône de Dieu.

M. le maréchal, dont la conscience, à ce qu'il paraît, n'était pas tranquille, avait fait garder les armes à la garde, ce qui lui permit d'envoyer quelques bataillons pour rétablir l'ordre.

Metz se tut. Elle avait lancé son cri d'agonie. La statue de Fabert fut voilée. Boutiques et maisons se fermèrent, et les Prussiens prirent possession d'une tombe. Les femmes en grand deuil traversaient les rues, faisant courber, sous le dédain de leur lèvre et la fierté de leur regard, l'insolence des esclaves du roi Guillaume. . . . .

. . . .

France! les Messins ont bien mérité de toi! Écoute et enregistre leur protestation, sans t'inquiéter du sort que la justice réserve au héros du Mexique, au commandant en chef de l'armée du Rhin! Qui sait? Cet illustre chef, de simple soldat devenu maréchal, sortira peut-être de la salle du conseil par la porte des innocents. Peut-être aussi sera-t-il passé par les armes. Qu'importe! toi, France, tu ne dois jamais oublier qu'il a livré, pieds et poings liés, une de tes filles, pleine de santé et de force, désireuse de prendre part à la lutte, et qui n'a cessé, jusqu'au dernier moment, de se débattre et de crier au viol!

XI

LES ADIEUX D'UN MARÉCHAL

3 Décembre 1873.

Les signatures allemandes et françaises avaient croisé leur paraphes au bas du protocole de la capitulation. L'œuvre était consommée. Le maréchal de France qui avait refusé pour son armée les honneurs militaires lui adressa ses adieux dans l'ordre général n° 12 :

A l'armée du Rhin,

Ban-Saint-Martin, 28 octobre 1870

Vaincus par la famine, nous sommes contraints de subir les lois de la guerre en nous constituant prisonniers. A diverses époques de notre histoire militaire, de braves troupes, commandées par Masséna, Kléber, Gouvion-Saint-Cyr, ont éprouvé le même sort, qui n'entache en rien l'honneur militaire, quand, comme

7

vous, on a aussi glorieusement accompli son devoir jusqu'à l'extrême limite humaine.

Tout ce qu'il était loyalement possible de faire pour éviter cette fin a été tenté et n'a pu aboutir.

Quant à renouveler un suprême effort pour briser les lignes fortifiées de l'ennemi, malgré votre vaillance et le sacrifice de milliers d'existences qui peuvent encore être utiles à la patrie, il eût été infructueux par suite de l'armement et des forces écrasantes qui gardent et appuient ces lignes ; un désastre en eût été la conséquence.

Soyons dignes dans l'adversité, respectons les conventions honorables qui ont été stipulées, si nous voulons être respectés comme nous le méritons ; évitons surtout, pour la réputation de cette armée, les actes d'indiscipline comme la destruction d'armes et de matériel, puisque, *d'après les usages militaires, place et armement devront faire retour à la France, lorsque la paix sera signée.*

En quittant le commandement, je tiens à exprimer aux généraux, officiers et soldats toute ma reconnaissance pour leur loyal concours, leur brillante valeur dans les combats, leur résignation dans les privations, et c'est le cœur brisé que je me sépare de vous.

Certes, monsieur le maréchal, en comparant vos troupes à celles des Masséna, des Kléber, des Gouvion-Saint-Cyr, vous aviez raison ; mais ne vous compariez-vous pas implicitement, vous, leur chef, à ces mêmes Masséna, à ces mêmes Kléber, à ces mêmes Gouvion-Saint-Cyr? N'était-ce point là beaucoup d'orgueil de votre part? Est-ce que les affaires de Gênes, de Mayence et de Dresde sont comparables à celles de Metz? Comment se fait-il aussi que vous ne vous soyez pas comparé au défenseur d'Almeida? Ah! si vous eussiez agi à Metz avec la même énergie que le général Brenier, la France, notre chère patrie, n'eût pas subi la plus horrible des humiliations. La Défense Nationale eût peut-être reçu de vous le plus immense des services. Il n'y avait qu'à ouvrir les œuvres de M. Thiers pour y trouver le tableau de la conduite sublime de ce général.

« Le 10 mai au soir, il assembla sa petite garnison, qui était d'environ 1,500 hommes, lui annonça qu'on allait abandonner la place et se sauver en perçant à travers les lignes ennemies. Cette nouvelle plut fort à la témérité de nos soldats, qui tous, sous la menace de mourir de faim ou de devenir prisonniers, se prépa-rèrent à opérer des prodiges. A dix heures du soir, on prépara les armes... On sortit de la place par la partie la moins observée, celle qui conduisait aux bords de l'Aguéda. On parcourut plus de deux lieues sans apercevoir l'ennemi, puis on rencontra les avant-postes de la division Campbell et de la brigade portugaise Pack, et on leur passa sur le corps... Au jour, on arriva à Villa de Cuervos, pas loin de Barba del Puerco, et on rallia le brave commandant du génie Morlet et ses sapeurs qui, après avoir mis le feu aux mines de la place, étaient parvenus aussi à forcer la ligne des postes ennemis...

» Deux ou trois cents hommes furent coupés, mais se jetèrent sur les côtes pour gagner par d'autres chemins les bords de l'Agueda. Quelques-uns tombèrent dans un précipice et y entraînèrent les Portugais acharnés à les poursuivre. Quelques autres, restés en arrière, furent ramassés par les Anglais. Ainsi, sauf deux cents hommes au plus, cette héroïque garnison se sauva. »

Ce n'était pas là tout. Avant de partir, le général Brenier, lui, s'était conformé à l'article 97 du *Service en campagne.*

« A Almeida, le général Brenier fit jeter les cartouches dans les puits, scier les affûts, tirer à boulets sur les bouches des pièces pour les mettre hors de service, et enfin charger les fournaux de mine... Il ne livra aux Anglais qu'une place détruite... Le dépit de Wellington fut grand, si l'on songe combien il était souverainement humiliant de laisser détruire sous ses yeux et presque dans ses mains une place dont il était près de s'emparer. »

Non-seulement le maréchal Bazaine se comparait implicitement dans son ordre général aux Masséna, aux Kléber, aux Gouvion-Saint-Cyr, mais encore il prétendait avoir tout fait pour éviter la catastrophe et avoir atteint la limite du possible, comme ces héros dont il parlait. Hélas! si vous aviez vu, monsieur le maréchal, quel sourire d'ironie et d'amère tristesse effleura nos lèvres à la lecture de ce passage, vous eussiez compris que vous étiez peut-être allé un peu loin! C'était trop fort aussi et l'impudeur était grande! Évoquer le souvenir de noms glorieux, au moment où, par une inaction calculée, par une conduite tor- tueuse, l'on vient d'attirer sur une loyale armée et sur la France entière un désastre sans exemple, n'est-ce point là une bouffonnerie sinistre? N'est-ce point là manquer une belle occasion de se taire?

Ce n'est pas tout. L'avant-dernier paragraphe de cet adieu n'était-il pas destiné à égarer l'opinion de l'armée? Comment oser dire que *place et armement feront retour à la France* quand on a en main le protocole de la capitulation qui est loin de parler de cette restitution. N'est-ce point là une cruauté basse, une lâche et plate tromperie? C'est infâme de se jouer ainsi de 200,000 malheureux !

Mais qu'importait au maréchal, il était libre, et fuyait au petit jour. « Il fuyait, et quel rapprochement ! s'écrie le colonel d'Andlau, c'est le jour où son armée de Metz va être livrée à la Prusse qu'on lui donne pour dernier mot d'ordre le nom de Dumouriez, devenu si tristement célèbre dans nos fastes militaires. Et le 29 au matin, quand son commandant en chef l'abandonnera, au moment où il franchira son dernier poste, la sentinelle lui criera : « *Avance à l'ordre !* » il devra répondre : « *Dumouriez !* » Ce sera son dernier mot à la France. »

Ainsi, trompeuse avait été la conduite du maréchal, trompeuses avaient été les nouvelles données à son armée, trompeuses ses tentatives de sortie, trompeurs tous ses agissements, trompeurs aussi ses adieux ! C'est pourquoi la France a le droit de crier comme l'empereur romain : « Varus, Varus, rends-moi mes légions ! »

XII

MON RÉQUISITOIRE

6 décembre 1873.

Dans ma première lettre sur l'affaire Bazaine, je vous disais que l'ex-commandant en chef de l'armée du Rhin avait été renvoyé devant un conseil de guerre pour des faits qui relevaient des articles 209 et 210 du Code militaire. J'ai cité ces deux articles et je n'y reviendrai pas aujourd'hui. Tout ce que j'ajouterai, c'est l'expression que M. de Chasseloup-Laubat donna à ces articles dans son rapport, sanctionné par le Corps législatif et qui est comme le commentaire légal du Code militaire.

« Le gouverneur ou le commandant, disait l'éminent rapporteur, ne peut rendre la place qui lui a été confiée sans avoir épuisé tous les moyens de défense dont il disposait et sans avoir fait tout ce que lui prescrivent le devoir et l'honneur.

« Le projet prévoit un fait plus grave ; c'est la capitulation en rase campagne. Les principes ici sont différents. Si la raison comme l'usage des nations autorisent le commandant d'une place assiégée à capituler dans certaines conditions, les considérations les plus hautes se réunissent pour interdire cette faculté au commandant d'une troupe armée en rase campagne. Aussi les capitulations de ce genre sont-elles l'objet des sévérités de la législation. *Il ne peut être question* D'AUCUNE ATTÉNUATION, *car un tel crime est toujours prémédité : la capitulation en rase campagne sera donc toujours punie. Le général eût-il fait tout ce que prescrivent le devoir et l'honneur, il est encore coupable d'avoir traité avec l'ennemi après la lutte, et la loi prononce sa destitution.* »

Le héros du 18 Brumaire, Napoléon Ier, qui, bien qu'il possédât le défaut de ses qualités, reste l'homme compétent par excellence en pareille matière, s'exprime ainsi sur la capitulation en rase campagne :

« Quand un général est cerné par des forces supérieures, il ne doit s'inspirer que de la réponse du vieil Horace. Dans une situation extraordinaire, il faut une résolution extraordinaire. *Que de choses qui parais-*

saient impossibles ont été faites par des hommes résolus, n'ayant plus d'autres ressources que la mort!!! Cette question ne nous paraît pas susceptible d'une autre solution, sans perdre l'esprit militaire d'une nation et sans s'exposer aux plus grands malheurs. »

Du reste, un illustre historien, un éminent patriote, un homme à qui la France doit plus qu'elle ne semble le croire, M. Thiers, en un mot, n'a-t-il pas écrit à peu près les mêmes choses, au sujet de la capitulation de Dupont à Baylen, la seule capitulation en rase campagne que nous ayons dans notre histoire ?

« Il n'y avait aucune ressource, dit-il, que de se faire égorger, *bien que ce soit quelquefois une ressource qui réussisse...* Il faut ajouter, dans l'intérêt de la moralité militaire, que dans ces situations extrêmes, la résolution de mourir est *la seule digne, la seule salutaire.* »

A cet ordre de faits se rattache encore le décret du 1ᵉʳ mai 1812, plus sévère s'il se peut que les articles 209 et 210. Ce décret était ainsi conçu :

« Il est défendu à tout général, à tout commandant d'une troupe armée, *quel que soit son grade,* de traiter en rase campagne, *d'aucune capitulation écrite ou verbale.* Toute capitulation de ce genre, dont le résultat aurait été de faire poser les armes, *est déclarée déshonorante et sera punie de mort.* »

Mais ces articles, quelque inexorables qu'ils soient, ne sont pas les seuls qui aient été visés par le réquisitoire aussi juste que sévère du général Pourcet. Il est bon que chacun connaisse ces articles, afin de pouvoir suivre le réquisitoire et d'apprécier avec toute la certitude qu'il convient l'importance relative des faits incriminés. Aussi est-ce pour cette raison que je tiens à vous les citer ici.

En prenant le commandement en chef de l'armée, le maréchal Bazaine devait d'abord prendre pour règle de conduite les prescriptions suivantes :

ARTICLE 244 DU SERVICE DES PLACES.

« Le général commandant une armée, dans l'arrondissement duquel *une place de guerre* se trouve comprise, veille à ce qu'il reste en tout temps une garnison suffisante pour en assurer la garde conjointement avec la garde nationale. *Il ne touche aux munitions de guerre et de bouche formant l'appro-*

visionnement de la place que dans le cas d'absolue nécessité et d'extrême urgence. Il les fait remplacer le plus tôt possible. Si la place est menacée d'un siége, il complète la garnison et les approvisionnements par tous les moyens qui sont en son pouvoir. »

Ainsi, le maréchal Bazaine, en opérant autour de la ville de Metz, s'est volontairement placé dans les conditions prévues de l'article 244. D'un autre côté, en immobilisant son armée sous les murs de ladite ville, il a assumé sur lui une partie de la responsabilité qui incombait au général Coffinières, et s'est substitué dans une certaine mesure à ce général. C'est donc à ce point de vue qu'il doit répondre de l'inexécution des mesures prescrites par l'article suivant :

ARTICLE 242 DU SERVICE DES PLACES.

Devoirs des autorités civiles et militaires dans une place en état de guerre.

« Dans une place en état de guerre, l'autorité civile est tenue de concerter avec le commandant de la place les moyens de réunir, pour le cas de siége, les approvisionnements nécessaires à la subsistance des habitants, et les ressources que peut fournir le pays pour les besoins de la garnison et pour l'exécution des travaux de défense... »

L'intendance a déclaré qu'elle avait encore des vivres. La défense de Metz pouvait donc être prolongée de quelques jours, ce qui eût probablement permis à l'armée de la Loire de donner la main à l'armée de Paris. Le maréchal Bazaine a donc capitulé prématurément. Fait prévu et puni par l'article suivant :

ARTICLE 255 DU SERVICE DES PLACES.

« Le commandant d'une place de guerre ne doit jamais perdre de vue qu'il défend l'un des boulevards de l'État, l'un des points d'appui des armées, *et que de la reddition d'une place, avancée ou retardée d'un seul jour*, peut dépendre le salut du pays.

Il doit rester sourd aux bruits répandus par la malveillance et aux nouvelles que l'ennemi lui ferait parvenir, résister à toutes les insinuations et ne pas souffrir que son courage et celui de la garnison qu'il commande soient ébranlés par les événements.

Il ne doit pas oublier que les lois militaires condamnent à la peine de mort, avec dégradation militaire, le commandant d'une place de guerre qui capitule sans avoir forcé l'ennemi à passer par les travaux lents et successifs des siéges, et avant d'avoir repoussé au moins un assaut au corps de la place sur des brèches praticables. »

Ainsi, le commandant *doit rester sourd aux bruits répandus par la malveillance, aux nouvelles que l'ennemi lui ferait parvenir!* Donc, le maréchal Bazaine, commandant en chef de l'armée du Rhin, est passible du second alinéa de cet article pour avoir publié le rapport de M. Debains, le plan des attaques prussiennes et les fausses nouvelles rapportées par le général Boyer. En outre, les communications avec le sieur Régnier et l'ennemi, la disposition relative aux officiers laissés libres à la condition de s'engager à ne pas continuer à prendre part à la guerre, enfin l'oubli, dans la capitulation, des mesures concernant les distributions de vivres à l'armée et les soins aux blessés mettent l'accusé Bazaine sous le coup de l'article qui suit :

ARTICLE 236 DU SERVICE DES PLACES.

« Lorsque le commandant supérieur juge que le dernier terme de la résistance est arrivé, il consulte le conseil de défense sur les moyens de prolonger le siége. Les articles 254 et 255 sont lus à haute voix...

Le commandant prend de lui-même, *en suivant l'avis le plus énergique,* s'il n'est absolument impraticable, les résolutions que le sentiment de son devoir et de sa responsabilité lui suggère. *Dans tous les cas, il décide seul de l'époque et des termes de la capitulation.*

Jusque-là, il a le moins de communication possible avec l'ennemi; il n'en tolère aucune : *il ne sort jamais de la place pour parlementer,* il n'en charge que des officiers dont la fermeté, la présence d'esprit et le dévouement lui sont connus.

Dans la capitulation, *il ne se sépare jamais de ses officiers ni de ses troupes,* et il partage leur sort après comme pendant le siége. Il s'occupe surtout d'améliorer le sort du soldat et de stipuler, pour les blessés et les malades, toutes les clauses d'exception et de faveur qu'il peut obtenir. »

En passant en revue les différentes fautes de l'accusé Bazaine, pour les confronter avec les articles du Code militaire y relatifs, il ne faut pas oublier la mise hors de service du matériel. On s'est plu à répéter devant le conseil de guerre que cette mise hors de service n'était prescrite par aucun règlement. Eh bien ! à quoi donc s'applique s'il vous plaît cet

ARTICLE 97 DU SERVICE EN CAMPAGNE.

« Quand un poste retranché est attaqué, le commandant doit agir de lui-même, *sans attendre d'ordre ni tenir de conseil.* Lorsque, par suite de l'emploi de toutes ses munitions, soit de guerre, soit de bouche, ou de la perte de la majeure partie de sa troupe, le commandant est dans l'impossibilité de prolonger la défense, il encloue les canons et cherche à regagner l'armée en surprenant de nuit ou en traversant de vive force les postes ennemis. »

Il est encore un article auquel se rattachent les propositions faites à l'ennemi de mettre l'armée de Metz à sa disposition pour lui garantir les gages qu'il pouvait réclamer, ainsi que la communication au sieur Régnier de l'état des vivres, c'est-à-dire la communication d'un secret d'État. Voici cet article :

ARTICLE 205 DU CODE MILITAIRE.

« Est puni de mort, avec dégradation militaire, tout militaire :

« 1° Qui livre à l'ennemi ou dans l'intérêt de l'ennemi, soit la troupe qu'il commande, soit la place qui lui est confiée, soit les approvisionnements de l'armée et soit le mot d'ordre ou le secret d'une opération, d'une expédition, d'une négociation;

2° Qui entretient des intelligences avec l'ennemi, dans le but de favoriser ses entreprises... »

Telle est la loi militaire qui devait fournir les jalons à la ligne de conduite du maréchal. Quel cas a-t-il fait de cette loi? Aucun. Tous les articles précités ont été violés. Que décidera le conseil? Je ne sais, mais ce dont je suis certain, c'est que le pays, devant des faits aussi accablants, se fera une opinion bien nette sur le cas de l'accusé Bazaine, en dépit des larmoiements de M⁰ Lachaud et des verdicts qui pourraient gracier son client.

XIII

REMEMBER!

10 décembre 1873, Minuit.

Le plaidoyer se déroule et s'achève. Mᵉ Lachaud, décontenancé de ne pas trouver sur les visages marmoréens de ses juges les traces des effets qu'il produit sur son public ordinaire, patauge dans des phrases sans fin et tombe de maladresse en maladresse. Suant, haletant, sifflant, il essaie de sortir de l'affreuse médiocrité où il se sent enfoncé en frappant à tort et à travers sur des noms illustres, en bavant le venin de sa haine personnelle ou de la haine de son client sur les loyales têtes des d'Andlau et des Pourcet.

Le commissaire spécial du gouvernement répond à ces insultes de bas aloi, à cet acteur de boulevard qui se démène en vain sur une scène trop délicate pour admirer ses effets de voix et de gestes violents; il y répond avec cette dignité, cette netteté, cette franchise militaire dont il avait déjà fait preuve dans son admirable réquisitoire, chef-d'œuvre de précision et de style.

Mᵉ Lachaud essaie vainement encore de répondre.

Le président, s'adressant alors à l'accusé, lui demande s'il n'a rien à ajouter pour sa défense.

C'est alors que l'ex-commandant en chef se lève, et, le bras étendu vers le crucifix, prononce ces paroles :

« J'ai sur la poitrine deux mots : *Honneur et patrie !* qui m'ont guidé dans ma vie militaire. Je n'ai jamais manqué à cette noble devise, pas plus à Metz que partout ailleurs, pendant les quarante-deux ans que j'ai servi loyalement la France. Je le jure ici sur le Christ. »

Je ne veux pas flétrir ces paroles comme elles le méritent. Je me contente de les enregistrer.

Vous connaissez, et par les débats du procès et par ces lettres, ce qu'il y a de vrai dans cette dernière parole d'un accusé. Cela suffit.

Du reste, le conseil, par l'organe de son président, le général duc d'Aumale, président dont on ne saurait trop louer la conduite pendant cette longue affaire, le conseil, dis-je, a prouvé, en lançant son verdict, que le maréchal Bazaine avait forfait à l'honneur et flétri le pavillon de la France.

Ce verdict montre qu'il n'y a pas qu'à Berlin qu'il

y a des juges. Il est solennel, terrible : c'est maintenant une pièce historique. La voici :

AU NOM DU PEUPLE FRANÇAIS,

Cejourd'hui 10 décembre 1873, devant le 1er conseil de guerre permanent de la 1re division militaire, délibérant à huis-clos, le président a posé les questions suivantes :

1re *Question.* — Le maréchal Bazaine est-il coupable d'avoir, le 28 octobre 1870, comme commandant en chef de l'armée du Rhin, capitulé en rase campagne ?

2e *Question.* — Cette capitulation a-t-elle eu pour résultat de faire poser les armes aux troupes dont le maréchal Bazaine avait le commandement en chef ?

3e *Question.* — Le maréchal Bazaine a-t-il traité verbalement ou par écrit avec l'ennemi sans avoir fait préalablement tout ce que lui prescrivaient le devoir et l'honneur ?

4e *Question.* — Le maréchal Bazaine, mis en jugement après avis d'un conseil d'enquête, est-il coupable d'avoir, le 28 octobre 1870, capitulé avec l'ennemi et rendu la place de Metz, dont il avait le commandement supérieur, sans avoir épuisé tous les moyens de défense dont il disposait et sans avoir fait tout ce que lui prescrivaient le devoir et l'honneur?

Les voix, recueillies séparément en commençant par le juge le moins ancien en grade, le président ayant émis son opinion le dernier, le 1er conseil de guerre déclare :

Sur la première question : OUI, à l'unanimité.
Sur la deuxième question : OUI, à l'unanimité.
Sur la troisième question : OUI, à l'unanimité.
Sur la quatrième question : OUI, à l'unanimité.

Sur quoi, et attendu les conclusions prises par le commissaire spécial du gouvernement dans ses réquisitions, le président a lu le texte de la loi et a recueilli de nouveau les voix dans la forme indiquée ci-dessus pour l'application de la peine.

En conséquence, le conseil, vu les dispositions des des articles 210 et 209 du Code de justice militaire, ainsi conçus :

« Article 210. — Tout général, tout commandant d'une troupe armée qui capitule en rase campagne est puni :

» De la peine de mort avec dégradation militaire,

si la capitulation a eu pour résultat de faire poser les armes à sa troupe, ou si, avant de traiter verbalement ou par écrit, il n'a pas fait tout ce que lui prescrivaient le devoir et l'honneur ;

» 2° De la destitution dans tous les autres cas.

» Article 209. — Est puni de mort, avec dégradation militaire, tout gouverneur ou commandant qui, mis en jugement après avis d'un conseil d'enquête, est reconnu coupable d'avoir capitulé avec l'ennemi et rendu la place qui lui était confiée, sans avoir épuisé tous les moyens de défense dont il disposait, et sans avoir fait tout ce que prescrivaient le devoir et l'honneur. »

Condamne, *à l'unanimité des voix*, François-Achille Bazaine, maréchal de France, à la peine de mort avec la dégradation militaire.

Et, vu l'article 138 du Code de justice militaire ainsi conçu :

« Si le condamné est membre de la Légion d'honneur ou décoré de la médaille militaire, le jugement déclare, dans les cas prévus par les lois, qu'il cesse de faire partie de la Légion d'honneur ou d'être décoré de la médaille militaire, »

Le 1er conseil de guerre déclare que le maréchal Bazaine cesse de faire partie de la Légion d'honneur et d'être décoré de la médaille militaire.

Condamne, en outre, le maréchal Bazaine aux frais de la procédure envers l'État, par application de l'article 139 du Code de justice militaire ainsi conçu :

« Le jugement qui prononce une peine contre l'accusé le condamne aux frais envers l'État. »

Enjoint au commissaire spécial du gouvernement de faire donner immédiatement en sa présence lecture du présent jugement au condamné, devant la garde rassemblée sous les armes, et de l'avertir que la loi lui accorde vingt-quatre heures pour se pourvoir en révision.

Devant un tel arrêt, je n'ai plus qu'à me taire. Il y a des chutes qui demandent le silence ! Laissons passer la justice du pays ! Que la France reste muette dans sa dignité sereine ! Qu'elle reste muette jusqu'au jour du réveil ! Alors, l'étendard levé, l'épée haute, elle pourra marcher en avant, jetant à la face de ses enfants, avec le nom de Bazaine, un redoutable *Remember !*

POST-SCRIPTUM

LA PRUSSE

AU PROCÈS BAZAINE

20 Décembre 1873.

Il y a des chutes qui demandent le silence, écrivais-je en vous annonçant la condamnation à mort du maréchal Bazaine. La Prusse n'a point pris cette maxime pour devise. Il paraîtrait que le commandant en chef de l'armée du Rhin, en s'abîmant dans les boues que le procès avait charriées à Trianon, a fait rejaillir de nombreuses éclaboussures à la face de nos vainqueurs. Je pensais que l'Allemagne du Nord se serait tenue dans une impartialité sereine en dehors et au-dessus du débat. Je pensais que l'orgueil tudesque saurait lancer un formidable *quos ego* aux tempêtes de dépits et de colères qui ne pouvaient manquer de s'élever. Je pensais enfin que cette Prusse avait assez bonne opinion de ses victoires pour ne pas être atteinte par les éclaboussures de cette boue. Je m'étais trompé. *Mea res agitur!* s'est écriée l'Allemagne, et aussitôt elle a fait ce procès sien. Elle a considéré le jugement comme sa chose, et aujourd'hui elle le discute, le déchire, le piétine avec rage. C'est en vain qu'elle essaye de paraître calme. Le bout de l'oreille se sent, se voit. Le journalisme allemand si habile, si cauteleux d'ordinaire, est tellement aveuglé par la passion qu'il donne tête baissée dans les inconséquences les plus grossières, les naïvetés les plus monstrueuses.

« Bazaine a été condamné à mort à l'unanimité, dit le *Francfurter Journal*. L'impression générale que produira ce jugement hors de France, c'est que cette condamnation est *un meurtre politique*. Quels que soient les reproches que l'on puisse adresser à l'ancien commandant de l'armée du Rhin en se plaçant à un point de vue militaire, ils portent surtout sur des fautes d'omission, sur des torts qu'il partage *avec tous les autres généraux français* et qui font, pour ainsi dire, partie de *l'esprit de corps* de l'armée. C'est un meurtre que l'on commet ici, un meurtre, quand même au lendemain de la condamnation la victime serait graciée. »

Ainsi donc le conseil de guerre a commis un meurtre en condamnant Bazaine à mort, parce que ses fautes, qui ont entraîné le désastre de Sedan, la perte de Metz, la capitulation de Paris et la destruction de l'armée de la Loire, ne sont que des peccadilles ! Il a commis un meurtre, parce que Bazaine agissait sous l'impulsion d'un certain esprit de corps, et qu'à ce titre, il était irresponsable ! Non-seulement, il a commis un meurtre, mais encore il a flétri tous les généraux français qui *partagent les torts* de leur commandant en chef ! Ah ! le bon billet qu'a La Châtre, messieurs les Allemands ! Vous voudriez que cet arrêt fût le pilori des officiers de France ? Quand donc, s'il vous plaît, un arbre est-il atteint lorsque l'on en détache une branche pourrie ?...

Mais continuons cette lecture intéressante.

« Le témoignage d'un général ennemi, avec les arguments positifs qu'il produit, avec la parole d'honneur dont il est accompagné, aurait dû peser dans la balance, si la condamnation n'avait été irrévocablement arrêtée d'avance. Elle l'était bien avant que le

9

conseil de guerre de Trianon ne se réunît pour l'un des plus monstrueux procès *de tendance* qui fut jamais. Toute la nation se sentait coupable, et pour se délivrer de ce remords, elle saisit la première victime venue pour se châtier en lui, pour se venger de l'ennemi, pour ruiner à jamais l'ancienne dynastie. La GRANDE NATION a réussi à s'exécuter elle-même, moralement. Rarement le pathos, la fausse sentimentalité, l'aveuglement et la corruption profonde, qui caractérisent la société française actuelle, n'ont éclaté à la lumière avec autant de force que dans ce procès si riche en phrases et en larmes de théâtre.

» La France s'est immolée elle-même, mais elle n'a réussi ni à souiller de la moindre tache l'ennemi vainqueur, ni à infliger à l'empire la moindre part de responsabilité dans les événements qui ont suivi Sedan. Au contraire! quelque mauvais qu'ait été le régime déchu, les personnes qui le représentent se dressent devant l'histoire, plus honorables, plus patriotes que leurs accusateurs vantards. Mais la plupart des traits qui ont été décochés contre le maréchal Bazaine ont rebondi contre les fanfarons de vertu qui ont mis en train et en scène ce scandaleux procès. Ni Gambetta, qui a parlé le premier de trahison, ni le maréchal de Mac-Mahon, le vaincu de Wœrth et de Sedan, le président actuel de la République française, n'ont lieu d'être fiers des révélations auxquelles l'enquête a abouti. Toutefois, si nous ne pouvons nous empêcher de répéter que le jugement qui frappe Bazaine et que la peine qui lui sera infligée, ne sont point en rapport avec ses fautes prouvées, ni même vraisemblables, nous ne pouvons non plus nous dissimuler l'intervention dans ce procès d'une Némésis auguste qui a fait éclater sa puissance dans ce jugement. A la trahison succède la peine de mort ; c'est justice. Mais ce n'est pas sous les murs de Metz que la trahison a eu lieu ; c'est dans le palais de Montezuma à Mexico ; ce n'est pas en 1870, mais en 1867 ; ce n'est pas la France, c'est l'infortuné Maximilien qui a été la victime. »

Et vous pensez, messieurs les Allemands, que la France, que l'Europe entière, croira maintenant à cet esprit de logique que vous prétendez posséder. La péroraison de l'article du *Francfurter Journal* compromet singulièrement le *sens critique* dont se targuent les gens du Nord. Nous savons maintenant ce que vaut cet esthétique qu'ils appliquent aux sciences, aux arts, aux lettres, au journalisme même. Bazaine a été traître à Mexico, mais il n'a pu trahir à Metz ! Peut-on concevoir cette France ingrate, aveugle, qui met en doute, en 1870, la loyauté d'un maréchal qui a trahi, en 1867; une France qui prétend avoir été livrée par un capitaine, qui, de l'aveu même de l'Allemagne, a pour ainsi dire commandé le peloton d'exécution de l'infortuné Maximilien ! Voilà, sur ma parole, une in-conséquence d'une naïveté touchante !

Mais, certes, ce qu'il y a de plus sublimement ingénu dans cet article, ce n'est pas tant l'incohérence des idées que le sérieux comique avec lequel on nous déclare que l'attestation d'un prince prussien, que la parole d'honneur dont il l'a accompagnée sont choses absolument décisives. Le conseil de guerre de Trianon a eu une bien grande impudence de ne pas se mettre respectueusement à plat-ventre devant une dépêche du prince Frédéric-Charles. La parole d'un prince, feld-maréchal, n'est-elle pas un dogme indiscutable ? Est-il donc nécessaire d'observer qu'il eût fallu qu'on pût délivrer un certificat contraire pour que l'attes-tation du prince fût valable ? Du reste, l'Allemagne entière soutient cette thèse naïvement étrange. Le

Journal de Cologne imprime dans son appréciation sur le procès :

« Ça été de la part du prince Frédéric-Charles un acte généreux et chevaleresque d'intervenir aux derniers jours du procès, à un moment où l'affaire avait pris une tournure inquiétante pour Bazaine, et d'adresser au défenseur du maréchal une lettre où il exprimait son regret sincère pour la défense de Metz. C'était là le point capital du procès. Bazaine a-t-il fait ou non son devoir comme commandant en chef? Telle était la question posée au conseil de guerre. Évidemment, *il n'était point de témoignage qui pût être de plus de poids auprès d'un tribunal impartial que celui du prince Frédéric-Charles.* Dans tous les cas, ce témoignage sera non-seulement la meilleure apologie de Bazaine devant l'histoire, *mais il a suffi pour rendre impossible son exécution.* »

Eh bien! messieurs les mécontents. Vous qui trouvez étrange la commutation de peine du maréchal, vous qui demandez comment et pourquoi on n'a pas dégradé et fusillé cet homme, soyez éclairés! Il n'a pas été exécuté parce que l'exécution *était impossible!* Et c'est une dépêche de Berlin, un témoignage d'un

prince prussien qui est la cause de cette impossibilité !
Ah ! la plaisante raison ! Oh ! l'aveuglement étrange,
la comique aberration ! ! !

Vous vous dites aussi, peut-être, que si Bazaine n'a
pas réclamé la révision, c'est qu'il ne savait comment
faire cette demande, c'est qu'il n'avait aucune raison
valable, vraisemblable même à alléguer. Erreur profonde de vos esprits abusés ! *La Gazette de l'Allemagne du Nord*, cet organe si fidèle du chancelier de
l'empire, cette feuille froide et diplomatique, met sa
sollicitude à nous montrer l'incompétence des juges
et l'illégalité de leur sentence.

« La procédure suivie a été illégale et indigne.
On a sans doute observé la rigueur des règlements
militaires dans le jugement du maréchal, mais non
dans la composition du tribunal qui l'a jugé. D'après
le droit en vertu duquel le maréchal a été condamné,
ce tribunal était absolument incompétent. Et cette
incompétence était de deux sortes : c'était une incompétence judiciaire et une incompétence militaire.
L'incompétence judiciaire consistait en ceci, que les
juges ne possédaient point le rang nécessaire pour
juger un maréchal et un commandant en chef ;

l'incompétence militaire résulte du passé même des juges. »

Voyez comme la passion borne les esprits! Les Allemands oublient qu'il a été lancé une loi le 16 mai 1872 qui autorisait, ainsi qu'elle l'a été faite, la composition du Conseil. Voilà pour l'incompétence judiciaire. Quant à l'incompétence militaire, qui résulte, disent-ils, du passé des juges, c'est une insulte brutale, grossière et gratuite que je dédaigne de relever.

Du reste, l'insulte est une arme fort en usage chez nos vainqueurs. La *Nouvelle Gazette prussienne* écrit de sa plume la plus dure, trempée dans le fiel :

« Nous ne pouvons offrir à la France que nos compliments de condoléance; l'amour-propre blessé a étouffé en elle le sentiment du droit, le général duc d'Aumale a fait le plus triste usage de sa présidence. Il a accueilli les commérages les plus incroyables, pourvu que le chauvinisme y trouvât son compte ; il a agréé les non-sens les plus monstrueux, pourvu qu'ils fussent tournés contre l'Allemagne. »

Quel est le Français qui ne répondra à cette insulte par un haussement d'épaules, quel que soit son esprit de parti, quelles que soient ses opinions politiques? La France entière reconnaît que le général duc d'Aumale a fait un meilleur usage de sa présidence, que messieurs nos vainqueurs veulent bien le dire.

Nos vainqueurs! mais au fond ils s'inclinent très-bien devant l'impartialité du président. Ce n'est point là où le bât les blesse. Il leur fâche simplement que le duc d'Aumale se soit posé devant l'Europe en soldat et en Français, en homme de la revanche, enfin, si revanche il y a! Il leur fâche qu'on ait laissé vibrer à Trianon les notes patriotiques. Eh bien! consolez-vous, messieurs les Allemands! le patriotisme français n'est pas mort, il n'est qu'endormi, et je vous jure que lorsque certains feuillets du livre de la destinée seront tournés, il ne sera pas besoin d'un procès de *tendance* pour le réveiller!

www.ingramcontent.com/pod-product-compliance
Ingram Content Group UK Ltd.
Pitfield, Milton Keynes, MK11 3LW, UK
UKHW010913160726
13695UKWH00007B/1083